El Estado del Führer

última línea
de ensayo

El Estado del Führer

DERECHO PENAL NACIONALSOCIALISTA ALEMÁN

Pablo Gea

Primera edición, noviembre de 2024

© Última línea, S.L., 2024
Juan Cortés Cortés, 3
29010 Málaga
www.ultimalinea.es
editorial@ultimalinea.es

www.facebook.com/EditorialUltimaLinea

@EdUltimaLinea

Esta obra ha recibido una ayuda
a la edición de la Consejería de
Cultura y Deporte

Junta de Andalucía

ISBN: 978-84-18492-71-6
Depósito legal: MA 2525-2024
THEMA: JPFQ, NHTZ, LBBZ

Impreso en España — Unión Europea

A Chicho. Él sabe por qué

ÍNDICE

PRÓLOGO

Fernando Navarro García

Presidente de INNOVAÉTICA

El Estado nacionalsocialista —el *Estado del Führer*, como muy significativamente Pablo Gea ha titulado esta excelente obra— no tuvo su propia Constitución; al menos no con el sentido y valor que tuvo durante el Segundo Imperio o la República de Weimar. Tampoco el *Estado del Führer* derogó formalmente la Constitución de Weimar, aunque sufrió tales modificaciones que llegó a ser irreconocible. Por ello, y al menos durante los primeros años del régimen, los ciudadanos alemanes vivieron bajo la impresión de que Alemania seguía siendo un *Rechsstaat* (Estado de derecho).

La visión nacionalsocialista de la Justicia estaba reflejada en el punto 19 del programa del NSDAP (redactado en 1921) que propugnaba un «Derecho germánico único» que sustituyera la tradición jurídica romana «dominada por una concepción materialista del mundo». Por esta razón los nazis rechazaban el Código Penal de 1871 y el Código Civil alemán de 1900, a los que consideraban «orientales y judaizantes». El excelente estudio que realiza Pablo Gea sobre el Derecho penal alemán durante el III Reich disecciona pormenorizadamente hasta qué nivel de perversión jurídica, y por ende de corrupción, se llegó en Alemania durante el periodo 1933-1945.

La fundamentación de este nuevo Estado de derecho revolucionario vino de la mano del prestigio intelectual de teóricos jurídicos que dieron forma al nacionalsocialismo, siendo el más importante de ellos Carl Schmitt, profesor de Derecho en la Universidad de Berlín, que se había convertido en un icono intelectual de la derecha radical alemana por su aversión al parlamentarismo y al liberalismo. Schmitt —cuya teoría del derecho se sigue estudiando en los planes de Derecho de muchas universidades europeas— basaba su filosofía jurídica en Thomas Hobbes, para quien el poder soberano es indivisible y absoluto. Por esa razón Schmitt escribe que «el Führer no es ningún órgano de Estado, sino el juez supremo de la nación y el legislador supremo». En 1935 escribió que la ley debía servir para aislar y excluir a los enemigos del Estado, siendo el Estado quien define previamente quién es 'amigo o enemigo'. En su obra *Estado, Movimiento, Pueblo* (1933) escribió que «la revolución alemana es legal, esto es, formalmente correcta y concuerda con la constitución previa. Nace de la disciplina y del sentido alemán del orden». Enfatizó Schmitt que el concepto central de la ley del Estado Nacionalsocialista era «el concepto de liderazgo» y como condición previa indispensable debía existir «similitud racial entre líderes y seguidores». Schmitt — que durante el periodo de Weimar no era antisemita (dedicó su clásico de 1928 *Verfassungslehre*, sobre ley constitucional, a su amigo judío el Dr. FriztEisler y se declaró admirador de Hugo Preuss, el creador de la Constitución de Weimar)— fue aumentando paulatinamente su racismo (se afilió al NSDAP en enero de 1933). En esta escalada racista, calificó las *Leyes Raciales de Núremberg* como «la Constitución de la libertad» y en octubre de 1936 impartió una conferencia ante profesores universitarios de Derecho en la que exigía la «extirpación del espíritu judío de las leyes alemanas». Este vergonzante oportunismo arribista, no evitó que los nazis le miraran con desconfianza y lo consideraran políticamente poco de fiar.

No se puede entender la rápida conquista por parte de los nazis de todos los poderes del Estado de derecho, sin entender lo que ellos llamaron *sincronización*(*Gleichschaltung*) y que fue el proceso paulatino y velado de nazificación de la sociedad a través del control y cooptación de todas las instituciones, empezando por la educación y las organizaciones de trabajadores. Se trata de un término derivado de la mecánica que también puede traducirse como 'puesta a punto' o 'coordinación' y fue una herramienta fundamental en el proceso de ingeniería social que buscaba crear una sociedad monolítica que creyera ciega y acríticamente en una sola idea (*Volksgemeinschaft*). En palabras de Goebbels: «El individuo no significa nada; el Pueblo lo es todo».

El proceso de *sincronización* había comenzado incluso antes de la llegada al poder del Partido Nazi (NSDAP) y de la *Ley Habilitante* (*Ermächtigungsgesetz*) que dio inicio a la verdadera dictadura hitleriana, esto es, al *Estado del Führer*. En 1930, por ejemplo, el director del museo de Dresde fue fulminantemente destituido «por seguir una política artística contraria al sano sentimiento popular de los alemanes». De nuevo la apelación a 'lo popular' cuyo monopolio nacionalista impregnó cada parcela de la vida pública o privada de los alemanes. El filólogo VictorKlemperer, en su indispensable *LTI – La Lengua del Tercer Reich* recuerda que:

«La República [de Weimar] dio plena libertad a la palabra y a la escritura de una forma que podría calificarse de suicida; los nacionalsocialistas se jactaban abiertamente de aprovechar únicamente los derechos otorgados por la Constitución cuando atacaban sin miramientos las instituciones y las principales ideas del Estado utilizando todos los recursos de la sátira, del sermón y la soflama».

El mundo del Derecho no simpatizaba explícitamente con el nazismo y por ello el proceso de *sincronización* se llevó a cabo mediante la coacción a los profesionales en ejercicio y a quienes aún estaban estudiando, en cuyo caso el adoctrinamiento y control eran absolutos.

En abril de 1933, un tercio (120 de 378) de los profesores de Derecho fueron expulsados de la universidad debido a su raza o ideas políticas, siendo reemplazados por otros colegas más jóvenes que aceptaron gustosamente el nacionalsocialismo. En ese mismo momento, los abogados en ejercicio estaban colegiados en la *Unión de Abogados Nazis* (*NS Rechswahrerbund*), cuyos tribunales de honor tenían carácter disciplinario (por ejemplo, se penaba no realizar el saludo nazi). Para cerrar este círculo vicioso, el ministro de Justicia Franz Gurtnel terminó fusionando la *Asociación de Jueces Alemanes* con la *Unión de Abogados Nazis*.

En 1935 una comisión de Derecho Penal —dirigida por el ministro de Justicia y por el secretario de Estado Roland Freisler— inició los trabajos para promulgar un nuevo Código Penal que finalmente nunca llegó a aprobarse. Freisler, el tristemente famoso juez de los Tribunales Populares, instó a los jueces a abandonar la imparcialidad y juzgar «sólo con espíritu nacionalsocialista».

Como veremos en la minuciosa obra de Pablo Gea, el Derecho Procesal sufrió numerosas modificaciones: se abolió la autonomía judicial, la retroactividad penal fue aplicada habitualmente, las declaraciones bajo tortura de la Gestapo eran aceptadas[1] y podía recusarse a un juez que fuera sospechoso de «no actuar de acuerdo con los intereses del Estado nacionalsocialista». Los jueces de reemplazo solían ser nazis convencidos con una edad muy inferior a la media en la carrera judicial. Para tener la seguridad de que la ley se pudiera ocupar de los enemigos incluso sin cometer delito alguno, tanto la dictadura soviética como la nazi, introdujeron el principio jurídico de la 'analogía', lo que ofrecía al Estado la oportunidad casi total de imputar a cualquier persona considerada como una amenaza o un 'enemigo'. En 1935 la analogía se incorporó a la legislación alemana y permitió incoar procesos en aquellos casos en los que 'la opinión popular' considerara que un acto merecía ser castigado, aunque no estuviera

---

1   Sin embargo, cuando a mediados de los años 30 el ministro de Justicia Gürtnel protestó contra este procedimiento, Hitler aceptó que las confesiones bajo tortura fuesen especificadas como «obtenidas bajo presión». Ello no debe hacernos pensar que las autoridades judiciales eran contrarias a la 'intervención física'. En 1937 en una reunión en el Ministerio de Justicia se acordó que durante un 'interrogatorio intensivo' estaban permitidos los golpes —con un modelo de bastón homologado— siempre que no fuesen más de 25 y se limitasen a la parte posterior del cuerpo. A partir del décimo golpe se requería la presencia de un médico.

tipificado como delito. Desde entonces el principio jurídico «*Nullum crimen, nullampoenam sine lege*» (ningún delito o pena sin ley previa) quedo vacío de contenido y se consagró en la práctica la indefensión más absoluta, pues nadie podía estar seguro de no estar cometiendo un delito.

Del mismo modo la relevancia del abogado defensor quedó claramente menguada en beneficio del fiscal. Por ejemplo, el abogado podía ser acusado de perjurio si no había impededido que su cliente mintiera durante la declaración jurada. El poder casi absoluto de jueces y fiscales llegó casi a superponer ambas figuras, teniendo el fiscal competencia para censurar cartas del acusado (incluso las dirigidas a su abogado), la autorización de visitas y hasta el derecho a dirigir peticiones de clemencia.

La ley misma se hizo deliberadamente vaga, de tal modo que todas sus decisiones eran esencialmente subjetivas. El Código Penal fue modificado en 1935 para permitir el castigo de cualquier acto contrario a los 'sanos sentimientos populares', aunque no violara ninguna de las leyes existentes. En 1937 el Tribunal Supremo dictaminó que las críticas al régimen eran procesables, aun cuando fueran hechas en círculos privados o familiares. En 1938 este criterio alcanzó su punto álgido al tipificar el crimen de «subversión de la propia persona» (*Werhrkraftzersetzung*) que consideraba delictivo dudar sobre el régimen, incluso aunque se tratase de dilemas éticos internos (dudar de la «victoria final» o de la rectitud del régimen), no exteriorizadas, ni manifestados públicamente. Muchísimos delitos penales fueron tramitados mediante decretos *ad hoc*, en ocasiones promovidos por el propio Hitler y cuya condena podía ser la muerte. Entre 1933 y 1934 estaban tipificados 46 delitos susceptibles de pena de muerte frente a los tres que implicaban esa condena antes de 1933. Las tasas de criminalidad, como suele suceder en los regímenes totalitarios, disminuyeron notablemente pasando de 590.093 delitos en 1933 a 335.162 en 1939.

La filosofía legal incorporó además criterios fenomenológicos para evaluar el crimen, de tal modo que la existencia del delito estaba condicionada por las características del delincuente y por su 'contexto', y no tanto por la acción en sí; de tal modo que se describieron arquetipos criminales tales como «el aprovechado de la guerra», «el que daña a la nación» (*Volksschädling*) o «el delincuente brutal».

En realidad, y tal y como afirmaba Rosenberg en su *Mito del Siglo XX*, «la ley y la política, representaban dos expresiones diferentes de la misma voluntad, ambas al servicio del valor racial más alto». Por esta razón, la injerencia de organizaciones nazis y de las SS (muy especialmente su periódico *SchwarzesKorps*) en las decisiones judiciales se hizo muy común y fue un mecanismo de coacción muy eficaz contra la escasa independencia judicial que aún pervivía durante los meses de 1933 (la absolución del comunista Dimitrov por el Tribunal Supremo de Justicia de su acusación del incendio del Reichstag es una prueba del inicial inconformismo judicial).

El delirio totalitario y criminal de la 'legalidad' nazi alcanzó su acmé con las llamadas *Leyes de Núremberg*, adoptadas el 15 de septiembre de 1935 durante la reunión anual del NSDAP en dicha ciudad. El padre de tales leyes raciales que eliminaron gradualmente a los judíos de la economía y la vida pública alemanas[2] y que condujeron al Genocidio, fue el ministro del Interior Wilhelm Frick, quien además fue responsable directo de la persecución de comunistas, socialdemócratas, homosexuales, clérigos disidentes y otros opositores al régimen. Su formación jurídica le permitió maquillar los crímenes nazis con un velo de palabrería legalista, al tiempo que promulgaba leyes que abolían partidos políticos, organizaciones y sindicatos independientes. En 1935 ya había enviado a campos de concentración alrededor de 100.000 opositores del régimen. Fue Frick quien redactó la ley extraordi-

---

2   Las Leyes raciales estaban clasificadas en dos grupos: 'Ley para la protección de la sangre y el honor alemanes' y 'Ley de la ciudadanía del Reich'.

naria que justificó todas las acciones de Hitler durante la 'Purga de Sangre' contra las SA (junio de 1934), calificándolas de «legales y políticas». Esta ley manifiestamente injusta fue aprobada rápidamente por el Reichstag bajo la afirmación de Frick de que «es bueno lo que beneficia a Alemania y malo lo que la daña». En esa misma línea, Carl Schmitt elogió la 'Purga de Sangre' de Röhm como *«la más grande forma de justicia administrativa»*.

El estallido de la guerra no hizo más que agravar la perversión de la Justicia y el blanqueamiento de los numerosos crímenes cometidos en su nombre, muy especialmente contra los judíos. El ministro de Justicia Otto Thierack trabajó afanosamente para 'legalizar' la idea de Goebbels de que ciertas categorías de prisioneros extranjeros debían ser enviados a los campos de concentración para *«ser exterminados mediante el trabajo forzado»*. El 18 de septiembre de 1942, Thierack llegó a un acuerdo monstruoso con Himmler bajo el cual entregaba a las SS *«ciertos individuos asociales para que cumplan condena»*, sellando con sus decretos el futuro de miles de personas que fueron confinadas como mano de obra esclava en campos de concentración hasta su muerte por extenuación. Aparte de judíos y gitanos, sus decretos también afectaron a los trabajadores forzosos apresados en el Este, especialmente rusos y ucranianos, pero también polacos, checos y alemanes 'asociales'. Toda esta población reclusa pasó, por obra y gracia de los decretos de Thierack, a quedar bajo el terrible mandato de las SS de Himmler. Para que los territorios del Este se 'adecuasen' rápidamente a la colonización alemana, Thierack recomendó que *«en lo sucesivo, los judíos, polacos, gitanos, rusos y ucranianos acusados de delitos, no deberán ser juzgados por los tribunales ordinarios, sino que serán ejecutados directamente por el Reichsführer-SS en cumplimiento de sus planes para solucionar los problemas del Este»*. En una carta a Martin Bormann, firmada el 13 de octubre de 1942, Thierack reveló, con una franqueza inusual en el lenguaje nazi, las razones subyacentes a su política: *«La Administración de Justicia sólo puede contribuir un poco al exterminio de estos pueblos. Permitir que tales personas se alojen durante años en cárceles alemanas no lleva a ninguna meta útil».* En esa misma carta explicó a Bormann que la ley penal alemana estaba al servicio de la política de exterminio desarrollada por Himmler. A pesar de criminal celo, Thierack fue severamente criticado por Hitler, quien consideraba que no era lo suficiente-mente duro.

Fue precisamente la observancia ciega de la ley la que permitió esa apariencia de legalidad de todas las atrocidades del nazismo: «el positivismo, con su credo de una ley es una ley, ha hecho que la profesión del jurista alemán se encontrase indefensa contra las leyes de contenido arbitrario y criminal»[3]. Quizás por todo esto durante los Procesos de Núremberg, el acusador norteamericano contra Josef Altstoetter ('el Juicio de los Jueces') afirmó que «el puñal del asesino se oculta bajo el manto del jurista»[4].

En esta excelente y original obra de Pablo Gea que tiene en sus manos —*El Estado del Führer*— se detalla de qué modo el Derecho Penal nazi, y en general todo el orden jurisdiccional, fue el lubricante que puso a punto la sincronización de la ingente maquinaria criminal nazi para que durante doce años invirtiera los valores éticos y legales de todos los territorios que llegó a subyugar.

---

3   Radbruch, Gustav, *Filosofía del Derecho* (Editorial Comares S. L. Granada, 4ª Edición, 2008). p. 21.

4   Estados Unidos de América vs. Josef Altstoetter, et al. (más conocido como «Juicio de los Jueces»), Tribunal militar III, *Caso 3, Juicios de criminales de guerra ante los Tribunales Militares de Núremberg*. Bajo Control de la Ley N ° 10 del Consejo, Núremberg, octubre 1946 a abril 1949, vol. III. Washington, 1951.

Cronología de la *sincronización* legislativa en el primer año de nazismo (1933)

Mes	Día	Legislación
Marzo	5	Elecciones al Reichtag. Mayoría nazi
	21	Apertura del Reichtag. Decretos de amnistía para nazis condenados durante el «periodo de lucha». Establecimiento del Tribunal Popular
	22	*Ley Habilitante*, concediendo a Hitler poderes especiales durante 4 años (sería prorrogada por cuatro años más en 1937)
	29	*Ley Van derLubbe*, que permite aplicar retroactivamente la pena de muerte por delito de incendio provocado (en este caso del Reichtag)
	31	*Primera Ley de Sincronización de los Estados y del Reich*, estableciendo nuevas asambleas locales y del Reich en idéntica proporción que los partidos representados en el Reichtag
Abril	7	*Segunda Ley de Sincronización de los Estados y del Reich*, nombrando los gobernadores del Estado
	8	*Ley de Reconstrucción del Funcionariado Profesional*, que permite el cese de cualquier funcionario poco cualificado, desleal o judío.
Mayo	2	Disolución de todos los sindicatos y creación del *Frente Nacional del Trabajo*
	19	Creación de los *Fiduciarios Laborales*
	20	Expropiación de bienes del Partido Comunista

Junio	1	Primera *Ley para la Reducción del Empleo*
	9	*Ley de Pagos en el Extranjero*
	12	*Ley de Traición a la Economía Alemana.* Obligatoriedad de notificar cuentas en el extranjero
	14	*Decretos* de *disolución de los partidos políticos*
	22	Disolución del SPD
	27	Disolución DNVP
	28	Disolución del Partido del estado
Julio	4	Disolución del DVP y del Partido Bávaro
	5	Disolución del Partido de Centro
	14	*Ley contra la creación de partidos políticos*
	15	*Regulaciones del Reich para la Reorganización Corporativa de la Agricultura*
Septiembre	13	*Ley sobre los Costes Alimentarios en el Reich*
Octubre	1	*Ley de Patrimonio de la Tierra o Ley Estatal de Granjas Hereditarias (Reichserbhofgesetz)*
	14	*Disolución del Reichtag*
Noviembre	12	*Referéndum Nacional:* el 95% de los alemanes aprueba las políticas adoptadas por el partido nazi
Diciembre	1	*Ley para Asegurar la Unidad del Partido y del Reich*

Fuente: Navarro, Sichar y Cuerda (Coords.) (2018). *El delirio Nihilista: un ensayo sobre los totalitarismos, nacionalismos y populismos*

I

INTRODUCCIÓN

El fenómeno del Nacionalsocialismo sigue generando ríos ingentes de tinta. Como si de una procesión se tratara, de cuando en cuando volvemos a sacarlo a la luz y exhibirlo para ser contemplado públicamente. Por más que han transcurrido décadas desde el dramático final del Tercer Reich, los estudiosos de cualquier disciplina relacionada con él vuelven una y otra vez sobre su espeluznante pero a la vez apasionante figura. *¿Cómo pudo suceder algo así?* Es la eterna pregunta. Uninterrogante formulado, en demasiadas ocasiones, desde un punto de vista metafísico, moral o ético. Y por la misma naturaleza de la formulación de dicha pregunta es por lo que no puede obtener respuesta. Caso diferente es el que se da cuando la misma cuestión se formula desde una perspectiva científica. Porque la respuesta a una pregunta formulada en esa clave sólo puede ser, como es obvio, de la misma naturaleza que la formulación original. Desde este punto de vista sí es posible averiguar *cómo pudo suceder algo así*. Razones históricas, diplomáticas, políticas o legales constituyen piezas de un puzle harto complejo pero que es posible completar.

Teniendo en cuenta que tiranías liberticidas han existido, antes y después que el Tercer Reich, más y menos mortíferas que el Tercer Reich, cabe preguntarse a su vez por qué genera una fascinación tan peculiar. Y la respuesta puede hallarse, quizás, en el hecho de que el Nacionalsocialismo y su líder ascendieran al poder empleando medios democráticos en un Estado de Derecho avanzado como era Alemania durante la República de Weimar; de que ello tuviera lugar en un país civilizado, refinado y culto, patria de Nietzsche, Kant, Hegel, Schiller, que tantas glorias había proporcionado a la Humanidad, especialmente en materia intelectual y jurídica; de que se expandiera dramáticamente en el contexto de la Segunda Guerra Mundial y generara una siniestra maquinaria destinada a la eliminación física literal de un grupo entero de seres humanos por el mero hecho de ser *'lo que'* eran; de que su fin estuviera rodeado de un apocalipsis de sangre y sufrimiento.

Sean cuales fueren las razones, lo cierto que desde el punto de vista jurídico-penal el análisis que se ha hecho del Nacionalsocialismo ha sido, en muchos casos, incompleto. Han proliferado sobretodo monografías dedicadas a los juristas que apoyaron el régimen o estudios parciales sobre aspectos concretos, pero pocas veces análisis que pusieran en conexión la naturaleza de la ideología nacionalsocialista con la naturaleza del régimen político que alumbró y, a su vez, ampliara esta conexión con la naturaleza de su Derecho en general y de su Derecho Penal y Procesal-Penal en particular. A este objetivo primordial se consagra la presente investigación. Y es por ello que se desarrolla en una estructura de embudo: de lo general a lo particular. Se comienza inicialmente con un análisis de la ideología y de la cosmovisión nacionalsocialista. Comprender qué es el Nacionalsocialismo es algo imprescindible para poder llegar a entender las líneas maestras de su producción jurídica. Se continúa después con una aproximación al funcionamiento del *'Estado del Führer'*, como contraposición al *Estado de Derecho* basado en el imperio de la Ley. Se sigue posteriormente con un estudio de los elementos esenciales de la ciencia jurídica nacionalsocialista y de las líneas maestras de su Derecho, concentrándose en el Derecho Penal, para, finalmente, desplegarse al completo en el desmenuzado de las características de este nuevo Derecho Penal revolucionario y hostil a los consensos existentes hasta entonces. Una vez aclaradas esas cuestiones, se cierra con un examen de la legislación Penal y Procesal-Penal del Tercer Reich, especialmente en el contexto de la guerra y de las políticas genocidas.

Debe destacarse que el Nacionalsocialismo contempló el Derecho Penal, como todo el Derecho en general, como un instrumento para la consecución de sus fines, razón por la cual prefirió desempeñarse a través de las *vías de hecho* más que por medio de la Ley. De hecho, muchas de sus políticas más importantes fueron implementadas al margen de ella, constituyendo entonces el análisis de estas 'vías de hecho' algo fundamental para poder efectuar una investigación completa sobre la naturaleza y el alcance de su Derecho Penal. Estos son los propósitos, objetivos y metodologías empleados para la materialización el ensayo que sigue.

II

NACIONALSOCIALISMO
Y ESTADO POLICIAL

1. Socialismo y Raza:
la ideología nacionalsocialista

El Nacionalsocialismo alemán es una ideología política y existencial que ha sido tradicionalmente asimilada al Fascismo italiano. Más allá del ornamento y de la parafernalia propagandística y simbólica con que ambos movimientos políticos se embadurnaron, lo cierto es que no sólo resultaron en determinados aspectos extremadamente diferentes, sino que, en algunos extremos, llegaron a ser diametralmente opuestos. Sus particulares orígenes arrojan luz sobre ello, y es preciso indagar correctamente en los mismos para poder entender, en lo que al presente estudio interesa, la verdadera naturaleza de la ideología nacionalsocialista. Cuestión esencial para poder desarrollar un análisis correcto de su producción jurídica, y más concretamente, de su producción penal. Inicialmente se analizará el fenómeno del Fascismo, para pasar a continuación al Nacionalsocialismo, resaltando de esta manera al unísono las semejanzas y las diferencias entre ambas ideologías.

El Fascismo, como movimiento político *stricto sensu* nació en Italia después de la Primera Guerra Mundial (1914-1918). Concretamente el 23 de marzo de 1919 en Milán, con la creación del

Fascio di Combatimento, un movimiento —no partido, aún— de carácter socialista revolucionario, a la par que fuertemente nacionalista.[5] Su programa recogía aspectos tanto de la izquierda como de la derecha: de la primera tomó los impuestos al capital, la seguridad social o la jornada laboral de ocho horas; de la derecha asumió el nacionalismo, así como el ardor patriótico y la hostilidad al socialismo internacionalista. Se trató, en sus inicios, de un movimiento inconsistente, fundamentalmente urbano, que adoleció de una gran descentralización en la práctica y que el propio Mussolini tuvo gran dificultad en controlar totalmente. Al igual que la izquierda revolucionaria primero y los nacionalsocialistas después, empleó la violencia contra los adversarios políticos, ejecutada en sus inicios por los *arditi*, organización de excombatientes con ciertas semejanzas con los *freikorps* alemanes durante los primeros tiempos de la República de Weimar.[6]

El Fascismo, contrariamente al parecer popular, nació realmente como una 'nacionalización' de algunos sectores de la izquierda revolucionaria, fundamentalmente de matriz marxista, cuyo catalizador fue el sindicalismo revolucionario que abrazó el nacionalismo radical.[7] Esto ya sucedió en 1907, cuando se comenzó a interiorizar primero y a emplear después el concepto de *'nación proletaria'* del nacionalista radical Enrico Corradini. Estos 'nacionalsindicalistas' entendían que las diferencias de clase eran trasladables a las diferencias entre naciones, de manera que existían, efectivamente, naciones fuertes, poderosas, capitalistas y plutocráticas, frente a naciones débiles y atrasadas. De esta manera, la *'lucha de clases'* marxista se convertía, también, en la *'lucha entre las naciones'*. Ya el mismo Mussolini, ante la percepción del escaso o nulo potencial revolucionario del proletariado tanto italiano como de otros Estados, especialmente atendiendo al fracaso de la Segunda Internacional y al desarrollo de la Pri-

---

5   Lozano, A; *Mussolini y el fascismo italiano*, Madrid, 2012, pp. 106 y ss.
6   *Ibíd*.
7   Payne, S.G; *El Fascismo*, Madrid, 2014, pp. 60-62.

mera Guerra Mundial, sustituyó la idea de la *'revolución prole-taria'* por la de 'revolución nacional' en 1915.[8] Benito Mussolini (1883-1945) fue un marxista militante durante toda su actividad política previa a la aparición del Fascismo. La visión del mundo marxista impregnó su pensamiento y su praxis. Junto con ello, Mussolini recibió también la aportación vitalista, irracionalista, voluntarista, y nihilista de Nietzsche[9], lo que, a la par que otros disidentes del marxismo ortodoxo, le apartó del mecanismo de la lucha de clases científica, para adentrarse dentro del mundo de las emociones voluntaristas y de rechazo del racionalismo y del positivismo, muy en la línea del espíritu romántico de las vanguardias literarias.

---

8   *Ibíd*, p. 63.

9   Nolte, E; *La influencia de Marx y Nietzsche en el socialismo del joven Mussolini* en *Cuaderno Gris. Época III, 5 (2001). (Monográfico: Nietzsche y la «gran política»: antídotos y venenos del pensamiento nietzscheano / Alfonso Moraleja (coord.))*, pp. 113-160.

Es preciso aclarar que la filosofía de Friedrich Nietzsche (1844-1900) estaba muy alejada de la 'estatolatría' fascista organicista, así como del racismo colectivista revolucionario de los nacionalsocialistas. Su romanticismo vitalista ultra-individualista estuvo presidido siempre por el 'miedo' del individuo a ser absorbido por la tribu. Sobre el Estado, dejó dicho en *Así habló Zaratustra: «¿Qué es el Estado? Escuchadme, que voy a hablaros de algo que mata a los pueblos. Llaman Estado al más frío de todos los monstruos fríos, al que miente con toda frialdad cuando dice que él es el pueblo. ¡Eso es mentira! Quienes crearon los pueblos poniendo en ellos una fe y un amor fueron creadores que, de este modo, prestaron un servicio a la vida. Pero hay hombres destructivos que ponen trampas para atrapar a la gente y las llaman Estado. Ponen sobre la gente una espada y cien concupiscencias. En los sitios donde aún hay pueblos, no entienden qué es eso del Estado, y lo odian por considerar que tiene mal de ojo y que es un atentado contra las costumbres y las normas. Fijaos en esto: cada pueblo tiene su propio lenguaje para hablar del bien y del mal, que el vecino no entiende, se ha inventado su propio lenguaje relativo a las costumbres y a las normas. Pero el Estado miente en todos los lenguajes del bien y del mal; todo lo que dice es falso y todo lo que tiene es producto del robo. Todo él es falso; el muy mordaz muerde con dientes robados. Hasta sus entrañas son falsas. Reconoceréis siempre al Estado porque es una torre de Babel del bien y del mal, una confusión de lenguas, lo que indica que es voluntad de muerte y que se entiende muy bien con los que predican la muerte.».* Nietzsche, F; *Así habló Zaratustra* en *Obras selectas. Friedrich Nietzsche,* Madrid, 2012, p. 62.

Otro elemento del que se nutrió el Fascismo, además del socialismo revolucionario y del nacionalismo radical, fue el Futurismo, a cuya cabeza se situaba Filippo Tommaso Marinetti (1876-1944), un movimiento artístico precisamente de vanguardia, defensor del dinamismo vital, del 'movimiento', de la tecnología, de la 'velocidad', así como de los grandes procesos de transformación revolucionaria a los que no eran ajenos la exaltación nihilista de la violencia.[10] Debe hacerse constar, no obstante, que el Fascismo distó mucho de generar un cuerpo teórico elaborado y una ideología claramente delimitada, puesto que la 'acción' daba forma al pensamiento y no a la inversa. De esta manera, el Fascismo primigenio fue variando algunas cuestiones relativas a su programa antes de la definitiva toma de poder en 1922. En octubre de 1921 se creó el Partido Nacional Fascista, que se fusionó en febrero de 1923 con la Asociación Nacionalista, de carácter derechista y ultranacionalista, partidaria del modelo económico corporativo y de una política exterior imperialista[11].

Con todo, el Fascismo, pese a sus transacciones, especialmente derivadas de las circunstancias peculiares en que se hizo con el instrumento de gobierno (que le llevó a moderar, por el momento, algunos de los aspectos más revolucionarios de su programa político)[12], no abandonó del todo su matriz marxista. Su visión del mundo se enfrentaba directamente contra los presupuestos liberales y del Estado de Derecho racionalizado, a favor del *Estado omni-comprensivo, es decir, el Estado al que ninguna esfera de la actividad humana le es ajena*[13] en el que, al igual que en el

---

10   Payne, S.G, *op.cit*; p.63.

11   *Ibíd*, pp. 65-71.

12   Lozano, A, *op.cit*, pp. 125-151.

13   Cit. en Pellicani, L; *Lenin y Hitler. Los dos rostros del Totalitarismo.* Madrid, 2011, p.127. No deja de ser curioso, en coherencia con ello, que muchos jóvenes que habían militado con anterioridad en el PNF (Partido Nacional Fascista) pasaran en el período de posguerra a librar la misma guerra contra el mismo enemigo, el Estado liberal del Derecho, en las filas del PCI (Partido Comunista Italiano).

caso del Comunismo, *'en el campo de la economía, todo es derecho público y no privado'*.[14]Mussolini lo dejó claro en un discurso pronunciado ante el Consejo nacional del Partido Nacional Fascista que fue ocultado al público: «*Al final del año XVI he descubierto un enemigo, un enemigo de nuestro régimen. Este enemigo se llama burguesía*»[15], llegando a afirmar que, «[s]*i cuando era socialista hubiera tenido de la burguesía italiana un conocimiento no puramente teórico como el dictado por la lectura de Carlos Marx, sino una verdadera noción física como tengo ahora, habría hecho una revolución tan despiadada, que la del camarada Lenin habría sido en comparación un juego inocente*».[16] Giuseppe Bottai (1895-1956), fascista de primera hora, uno de los líderes de la 'Marcha sobre Roma' y ministro de Mussolini de 1929 a 1932 expresó paladinamente los objetivos revolucionarios del Fascismo: «*Al norte el Bolchevismo; al sur el Fascismo. Fascismo y Bolchevismo son una misma reacción contra el espíritu burgués plutocrático [...] No es casual que la reacción contra el régimen burgués produzca el Bolchevismo en Rusia y el Fascismo en Italia [...] Así se ha puesto cara a cara a los dos hermanos enemigos: el Fascismo y el Bolchevismo, hermanos por el mismo desprecio del régimen burgués, enemigos porque ocupan las dos capitales opuestas de Europa*».[17]

El Fascismo, en definitiva, se trató de un movimiento revolucionario que tuvo una particularidad muy especial, sobre todo a la hora de ponerlo en relación con el Comunismo y con el Nacionalsocialismo. Procuró ser una síntesis sincrética de otras ideologías diferentes, recogiendo aspectos del Liberalismo, del Conservadurismo, del Socialismo, del Nacionalismo y de las Vanguardias. Siendo su objetivo un Estado Totalitario, en el que el individuo sólo fuese aceptado en la medida en que sus intereses

---

14   *Ibíd*.

15   *Ibíd*, p. 131.

16   *Ibíd*, p. 96.

17   *Ibíd*, p. 130.

fueran coincidentes con los del Estado, exigiendo una suerte de 'compromiso total' verbalizado de manera célebre por Mussolini cuando explicó que *«todo sería para el Estado, nada quedaría fuera del Estado y nadie estaría contra el Estado»*[18], lo cierto es que el término hizo referencia más bien al *'Estado tutor'*, en la línea del *'Estado Ético'* conceptualizado por el pensador fascista Giovanni Gentile (1875-1944) de inspiración roussoniana, en contraposición a la disolución del individuo en la colectividad como rasgo esencial de lo que actualmente se percibe por Estado Totalitario, junto con el control total y absoluto de toda la sociedad. La Italia Fascista, al fin y a la postre, no desarrolló, ni se tiene constancia de que existiese un plan concreto para ello, un totalitarismo 'acabado', como el que existió en los Estados Comunistas o parcialmente en la Alemania Nacionalsocialista, materializándose la dictadura en un régimen autoritario institucionalmente semi-pluralista, con una inspiración ideológica cada vez más vaga, similar a la dictadura franquista en España y, desde luego, muy lejos de la anhelada *'unidad de conciencias'* que exigía ese compromiso absoluto con el Estado que, no se olvide, se convirtió en un fin en sí mismo.[19]

El Nacionalsocialismo, antes de su formulación definitiva tal y como hoy se la conoce, tuvo diversos precedentes ideológicos más o menos remotos antes de la Primera Guerra Mundial. El origen ideológico del Nacionalsocialismo pre-Hitler se halla geográficamente en Austria y Bohemia (una de las regiones históricas que integran hoy la República Checa), dentro del Imperio Austro-húngaro, íntimamente ligado al agitador pangermanista Georg Ritter von Schönerer (1842-1921). Sin embargo, el primer Nacionalsocialismo se configuró como tal en el Partido Nacionalsocialista Checo, fundado un 1898,[20] y en el Partido de los

---

18   Lozano, A, *op.cit*, pp. 160-161.

19   Payne, S.G, *op.cit*; p.63.

20   En 1918, incluso, un representante del Partido Nacionalsocialista llegó al palacio de Westminster, en el Reino Unido. Véase Weber, T; *De Adolf a Hitler*, Barcelona, 2018, pp. 15-16.

Trabajadores Alemanes (DAP)[21], creado en 1903, de ideología democrática radical, nacionalista, aunque no imperialista ni racista, proponía recetas de socialización económica y de importante renovación institucional, dentro de un programa socialista común diferente del marxista. En 1913 se radicalizó hacia una ideología antisemita y pangermanista, convirtiéndose a finales de la Primera Guerra Mundial en el Partido Nacionalsocialista de los Trabajadores Alemanes (NSDAP)[22], con unos planteamientos socialistas interclasistas.[23]

Pero fue con el final de la Primera Guerra Mundial y la derrota del Segundo Reich Alemán en la misma con que comenzó la historia del Nacionalsocialismo propiamente como amplio proyecto revolucionario de masas movilizador. Contrariamente a lo que el mismo Adolf Hitler (1889-1945) sostiene en su *Mein Kampf*[24], era un individuo escasamente politizado al finalizar la contienda y no había destacado, durante su experiencia bélica, por defender exacerbadamente ningún ideal político coherente ni por dar muestras de ser capaz de encabezar posteriormente movimiento político alguno.[25] Tanto es así que, de la misma manera que existe un mito ampliamente extendido sobre lo anterior, no es menos cierto que también existe otro que insiste en la visión de que el conflicto radicalizó ideológicamente a la población alemana y que, con la caída del sistema imperial semi-autoritario del Reich fundado por Otto von Bismarck (1815-1898) y el advenimiento de la República de Weimar, los alemanes se enfrentaron a un nuevo sistema de libertades para el que carecían de la adecuada cultura democrática, siendo los resultados de los comi-

---

21   No confundir con el Partido Obrero Alemán (DAP), precursor del Partido Nacionalsocialista Obrero Alemán (NSADP), fundado en 1919 después la Gran Guerra, y en el que se afilió Hitler ese mismo año antes de transformarse en la formación política que alumbró al Tercer Reich.

22   Reténgase la precisión anterior.

23   Payne, S.G, op.cit; pp. 54-55.

24   Hitler, A; *Mi Lucha*, Madrid, 2016, pp.103-132.

25   Weber, T; *La Primera Guerra de Hitler*, Madrid, 2012, pp.33-256.

cios producto de la radicalización bélica, por una parte, y de la súbita y acelerada politización por otra. La realidad es que, atendiendo a los datos electorales antes y después de la contienda en las zonas de Baviera, donde germinó el Nacionalsocialismo, se comprueba que las preferencias electorales fueron prácticamente las mismas.[26]

En lo que al líder nacionalsocialista refiere, colaboró con el régimen de la República Soviética de Baviera —resultando incluso elegido representante de los solados de su compañía, cuyos cometidos incluyeron la intermediación entre el departamento de propaganda de su regimiento y las autoridades revolucionarias— dedicándose, en definitiva, a realizar actividades a favor de dicho régimen.[27] Es más, aun cuando el régimen se radicalizó tras la instauración de la Segunda República Soviética de Baviera, en estrecha relación con el Gobierno bolchevique de Lenin en Moscú, continuó apoyándolo, siendo elegido de nuevo, esta vez como representante de su compañía en el consejo del batallón.[28] En consecuencia, resultó arrestado por las tropas gubernamentales tras la caída del régimen soviético bávaro.[29] Hitler, pues, antes de convertirse en el virulento antisemita con el que Europa tendría que vérselas años después, se caracterizó por ser un individuo que simpatizó con el Partido Socialdemócrata de Alemania (SPD), y que colaboró con una revolución de naturaleza socialista radical y comunista. En definitiva, por ser un sujeto con una ideología colectivista de izquierda, aunque no internacionalista. Fue con la desaparición del régimen soviético cuando comenzó a trabajar para las nuevas autoridades contrarrevolucionarias como confidente del Ejército para espiar a compañeros y grupos sospechosos de simpatizar o haber simpatizado con el régimen

---

26   Weber, T; *op.cit,* pp. 267-269.

27   Weber, T; *De Adolf a Hitler,* pp. 75-81.

28   *Ibíd,* pp. 85 y ss.

29   *Ibíd,* pp. 97-98.

soviético,[30] impregnándose entonces del antisemitismo característico de la Bavaria posrevolucionaria, así como de las ideologías racistas y pangermanistas que hallaron cierto acomodo en este contexto, especialmente tras su ingreso en el Partido Obrero Alemán (DAP).[31]

Con estos mimbres se desarrolló la ideología Nacionalsocialista, expuesta por Hitler en su libro. Al igual que el Fascismo, tampoco se llegó a contar con un cuerpo teórico elaborado y determinado, como sí llegó a tenerlo el Marxismo, sino que más allá de unos elementos básicos, el devenir de la acción fue completando las lagunas de una base teórica que, eso sí, jamás se movió de sus elementos básicos. Esta ideología estaba presidida por un fuerte darwinismo social, que implicaba una lucha revolucionaria eterna, en la que, quienes quieran vivir *«que luchen, y quienes no quieran luchar en la batalla eterna que es este mundo, no merecen vivir»*.[32] Ello se trasladó a la idea del *Lebensraum*, el 'espacio vital', concepto desarrollado por Karl Hausoshofer (1869-1946), mentor de Rudolf Hess (1894-1987), que en aquella época ejerció una influencia extraordinaria en Hitler. Escribió en *Mein Kampf*:[33]

> *«Nosotros, los Nacionalsocialistas, hemos puesto deliberadamente punto final a la orientación de la política exterior alemana de la anteguerra; ahora comenzamos allí donde hace seis siglos nos quedamos detenidos. Terminemos con el eterno éxodo germánico hacia el Sur y el Oeste de Europa y dirijamos la mirada hacia las tierras del Este. Cerremos al fin la era de la política colonial y comercial de la anteguerra y pasemos a orientar la política territorial alemana del porvenir.*
>
> *Cuando hoy hablamos en Europa de 'nuestro suelo', pensamos en primer lugar solamente en Rusia y los Estados adyacentes que le son subordinados.*

---

30   *Ibíd,* pp. 99-117.

31   *Ibíd,* pp. 151-186.

32   Cit. en Rees, L; *El oscuro carisma de Hitler,* Barcelona, 2013, p. 47.

33   Hitler, A; *op. cit,* p. 401.

El destino mismo parece querer mostrarnos el derrotero. El haber abandonado a Rusia en manos del bolchevismo, despojó al pueblo ruso de aquella clase pensante que hasta entonces había creado y garantizado su existencia como Estado. La organización de un Estado ruso no fue el resultado de la capacidad política del eslavismo en Rusia, sino un maravilloso ejemplo de eficacia, como creadores, de los elementos germánicos directores de una raza inferior. Más de una vez, pueblos inferiores guiados por soberanos y organizadores de origen germánico llegaron a constituir poderosas naciones que subsistieron mientras pudo conservarse el núcleo racial dirigente. Durante siglos, Rusia se había mantenido gracias al núcleo granítico germánico de sus esferas superiores, el cual se puede decir que hoy está exterminado completamente. En su lugar se ha impuesto el judío; pero así como es imposible que el pueblo ruso sacuda por sí solo el yugo israelita, no es menos imposible que los judíos logren a la larga sostener bajo su poder el gigantesco organismo ruso. El judío mismo no es elemento organizador, sino fermento de descomposición. El coloso del Este está maduro para el derrumbamiento. Y el fin de la dominación judaica en Rusia será al mismo tiempo el fin de Rusia como Estado. Estamos predestinados a ser testigos de una catástrofe que constituirá la prueba más formidable para la verdad de nuestra teoría racista.»

El Nacionalsocialismo pretendía, así, llevar a cabo su propia política de colonización racial hacia el Este. Pero ello no estaba desconectado de su proyecto de una sociedad colectivista, anti-individualista, con un modelo de Economía Planificada mixta, muy similar a la Nueva Política Económica (NEP) de Lenin en 1921.[34] Se trataba de una ideología socialista revolucionaria y nacionalista, si bien el núcleo esencial de ello era la *raza* en un sentido biológico, puesto que sólo el que pertenecía a la 'raza' aria podía ser miembro de la *Volksgemeinschaft* o 'Comunidad Popular' radicada en *'la sangre y el suelo'* y en una visión idílica de naturaleza rural y ajena a la distinción de clases.[35] Una *Weltanschauung* o 'cosmovisión' en la que no tenían cabida los judíos, conceptualizados como la antítesis de la raza aria, el Mal Absoluto, que había que destruir. Sin embargo, aunque racial, el

---

34   Payne, S.G, *op.cit;* pp. 72-83.
35   Lozano, A; *La Alemania Nazi (1933-1945)*, Madrid, 2011, p. 65.

antisemitismo nacionalsocialista se apoyaba en una base cultural, como mayor exponente de la mentalidad individualista y egoísta que había que erradicar. Hitler señaló:

> «*Nosotros hablamos de raza judía por comodidad de lenguaje, ya que no existe, en sentido propio y desde el punto de vista genético, una raza judía. Existe, sin embargo, una realidad de hecho a la que, sin la menor duda, se pueda atribuir esa cualificación y que, además, es admitida por los propios hebreos. Se trata de la existencia de un grupo humano espiritualmente homogéneo al que los hebreos del mundo entero tienen consciencia de pertenecer, sea cual fuera el país del que, desde la óptica administrativa son ciudadanos. Por tanto, no se trata en absoluto —aunque la religión hebrea les sirve a veces de pretexto— de una comunidad religiosa ni de un vínculo constituido por la pertenencia a una religión común. La raza hebrea es ante todo una raza interior.*»[36]

Algo similar, de nuevo, a lo que expresó Marx en *Sobre 'La cuestión judía'*:[37]

> «*¿Cuál era el fundamento en sí y para sí de la religión judía? Las necesidades prácticas, el egoísmo [...] Las necesidades prácticas, el egoísmo, son el principio de la sociedad burguesa y se destacan en toda su pureza, tan pronto la sociedad burguesa ha terminado de dar a luz al Estado político. El Dios de las necesidades prácticas y del egoísmo es el dinero.*

> *El dinero es el celoso Dios de Israel, que no tolera otro dios a su lado. El dinero envilece a todos los dioses de los hombres y los transforma en una mercancía. El dinero es el valor universal de todas las cosas, constituido en sí mismo. O sea, le ha arrancado a todo el mundo, sea humano o natural, el valor que lo caracterizaba. El dinero es el ser esencial del hombre que se ha vuelto extranjero a su propio trabajo [enajenación], a su propio ser humano y este ser esencial extranjero [extrainizado] domina al hombre y el hombre lo adora.*

> *El Dios de los judíos se ha profanizado, se ha convertido en el Dios universal. La letra de cambio es el Dios real del judío. Su Dios no es más que la letra de cambio ilusoria.*

---

36   Pellicani, L; *op.cit*, pp. 108-109.

37   Marx, K; *Páginas malditas. Sobre La cuestión judía y otros textos*, Buenos Aires, 2012, pp. 42-43.

> *La concepción que se tiene de la naturaleza bajo el imperio de la propiedad y el dinero es el desprecio real, la degradación práctica de la naturaleza, que en la religión judía existe, ciertamente, pero sólo en la imaginación.»*

El carácter revolucionario del Nacionalsocialismo fue expuesto de manera explícita por sus líderes.[38] Así, Hitler declaró: *«Yo no soy tan sólo quien ha vencido al marxismo, sino también su realizador: o sea de aquella parte del mismo que es esencial y que está justificada, despojada de su dogma hebreo-talmúdico. [...] He aprendido mucho del marxismo y no dudo en admitirlo. [...] El nacional-socialismo es lo que el marxismo habría podido ser si hubiera conseguido romper sus vínculos absurdos y artificiales con un orden democrático»;*[39] como en el mismo sentido se expresó S.H. Sesselman, líder del partido en Múnich: *«Nosotros somos completamente de izquierda, y nuestras exigencias son más radicales que las de los bolcheviques. [...] Somos nacionalistas y* (v) *olkisch, nacionalistas, pero no filo-capitalistas»*[40], recogiendo la lógica fundamental de Gottfried Feder (*Eliminación de la esclavitud del interés*); o Joseph Goebbels (1897-1945), que llegó a escribir: *«Nosotros somos socialistas, [...] enemigos, adversarios jurados del actual sistema económico capitalista con su explotación de los económicamente débiles, con su desigualdad en los sueldos. [...] Nosotros estamos resueltos a destruir a toda costa este sistema».*[41]Aunque, de manera similar al caso del Fascismo, se ha-

---

38   Hitler fue consciente de los orígenes ideológicos de los primeros miembros del partido, como declaró el 30 de noviembre de 1941: *«El 90 por ciento de los miembros de mi partido en aquella época eran izquierdistas»*. Cit. en Weber, T; *De Adolf a Hitler*, p. 210. Algo que confirmó el general Wilhelm Groener, dos veces ministro de Defensa durante la República de Weimar, tras el encargo de una investigación cuyas conclusiones señalaron inequívocamente que gran parte de los miembros de las SA y de las SS procedieron de organizaciones comunistas. Pellicani, L; *op.cit*, pp. 43-4.

39   Cit. en Pellicani, L; *op.cit*, pp. 111 y 153. La cita exacta se halla en esta última.

40   *Ibíd*, p. 88.

41   *Ibíd*, p. 90.

bía hecho necesario aceptar componendas para llegar al poder y mantenerlo, no era la intención de los nacionalsocialistas aceptar dicha situación como permanente, como lo ilustra el pronunciamiento de Hitler sobre la planificación económica (aun dentro de la visión mixta en la que, aun así, la dirección del Estado prevalece sobre el remanente 'privado') en verano de 1942, dando a entender que «*tampoco después de la guerra podremos renunciar a la dirección estatal de la economía, pues de otro modo todo grupo privado pensaría exclusivamente en la satisfacción de sus propias aspiraciones. Puesto que incluso en la gran masa del pueblo todo individuo obedece a objetivos egoístas, una actividad ordenada y sistemática de la economía nacional no es posible sin la dirección del Estado*».[42]

El Nacionalsocialismo, a diferencia del Fascismo, no persiguió en ningún momento ser un movimiento sincrético e integrador de diversas tendencias, sino que rechazó explícitamente las demás con el objetivo de superponerse como un movimiento gnóstico, en el que el Führer y su voluntad ocuparon un lugar esencial. Los elementos místico-nórdicos se fusionaron con el socialismo revolucionario, de manera que el nacionalismo se posicionó como un mero 'recipiente' que alojaba la '*comunidad del pueblo*' germánica caracterizada por la 'raza' en coherencia con los planteamientos *volkisch* que el nacionalsocialismo hizo suyos. El Estado, por tanto, no fue más que un medio para un fin, no un fin en sí mismo. Se trató, pues, de un nuevo tipo de ideología revolucionaria que encontró, entre sus fuentes predilectas, un paganismo nórdico interpretado a conveniencia, con un objetivo al principio oculto pero cada vez más explícito: eliminar y reemplazar el Cristianismo como motor psico-social en Alemania y en todos aquellos territorios que llegaran a estar en su poder, destruyendo finalmente el judeocristianismo como realidad tangible y legitimidad alternativa.[43]

---

42   *Ibíd*, p. 139.

43   Fernández Martín, J; *Hitler. El artista del mal,* Córdoba, 2012, pp. 99-100.

El 'nuevo hombre' perseguido por los nacionalsocialistas rompía con todas las ataduras morales vigentes hasta el momento. El misticismo no constituía una vuelta atrás, sino un revulsivo que enfilaba hacia los planteamientos antropológicos, científicos, biológicos y naturalistas de la revolución encarnada en la nueva *Volksgemeinschaft* anti-urbana y ambientalista.[44] Para lograr la materialización efectiva de esta visión era necesario deshacerse de determinadas categorías de seres humanos, que no eran tales, y cuya mera existencia anulaba automáticamente la nueva visión. Esta incompatibilidad sólo podía resolverse por medio de la eliminación física de dichas categorías.

En el avance del devenir histórico, la verdadera redención de la humanidad llegaría con el advenimiento de un paraíso terrenal efectivo, libre de elementos nocivos. Algo que ya alumbraron Marx y Engels, cuando señalaron que los pueblos atrasados, los pueblos, por tanto, contrarrevolucionarios, debían *«perecer en el holocausto revolucionario»*[45] puesto que *«estos desechos de pueblos se convierten, y siguen siendo hasta su exterminio o desnaturalización, en el sostén más fanático de la contrarrevolución, ya que su existencia no es más que una protesta contra una gran revolución histórica».*[46] La conclusión es clara: *«La próxima guerra mundial hará desaparecer de la Tierra no sólo clases y dinastías reaccionarias sino también pueblos enteros reaccionarios. Y eso será también un adelanto».*[47] Una guerra en la que *«afirmaremos la revolución, mediante el terror más decidido»*[48] en *«una lucha de aniquilamiento y terrorismo sin piedad».*[49]

El filósofo y anarquista francés Jacques Ellul concluyó:

---

44   Payne, S.G, *op.cit;* pp. 127-130.

45   Engels, F; *Hungría y el Paneslavismo* en *Los nacionalismos contra el proletariado*, Barcelona, 2008, p. 50.

46   *Ibíd,* p. 55.

47   *Ibíd,* p. 59.

48   Engels, F; *Paneslavismo democrático* en *Los nacionalismos contra el proletariado*, Barcelona, 2008, p. 78.

49   *Ibíd.*

«Los observadores informados de este período de entreguerras están convencidos de que el nacionalsocialismo fue una revolución importante y verdadera. De Rougemont señala hasta qué punto eran idénticos a todos los niveles el régimen de Hitler y el jacobino; R.Labrousse, una autoridad sobre la Revolución Francesa, así lo confirma, por no citar más que dos opiniones. [...] El nazismo fue una gran revolución: contra la burocracia, contra la senilidad, en pro de la juventud; contra las jerarquías establecidas, contra el capitalismo, contra la mentalidad pequeñoburguesa, contra la comodidad y la seguridad, contra la sociedad de consumo, contra la moral tradicional; en pro de la liberación del instinto, el deseo, las pasiones, el odio a la policía (¡Sí, señor!), la voluntad de poder y la creación de un orden de libertad más elevado.»[50]

Se trataba, efectivamente, de ir mucho más allá en el plano revolucionario. Hitler resumió los objetivos finales del nacionalsocialismo:

«La creación aún no está terminada, al menos en lo que respecta al hombre. Desde el punto de vista biológico, el hombre ha llegado netamente a un cambio sustancial. Empieza a perfilarse una nueva variedad de hombre. Una mutación, en sentido científico. Por consiguiente, el tipo existente de hombre está pasando inevitablemente al estado biológico de atrofia. El viejo tipo de hombre tendrá sólo una existencia empobrecida. Toda la energía creativa se concentrará en el nuevo tipo. Ambos tipos se diferenciarán rápidamente uno de otro. Uno decaerá y formará una raza sub-humana, y el otro se elevará muy por encima del hombre actual. Ambas especies se podrán llamar el hombre-Dios y el animal-masa. [...] El hombre debe ser superado. Nietzsche intuyó algo por el estilo, es cierto, pero sólo a su modo. Llegó a reconocer el superhombre como una variedad biológica, pero no estaba demasiado seguro de ello. El hombre se estaba convirtiendo en Dios: éste es el hecho puro y simple. El Hombre es Dios en formación. El hombre debe tender constantemente a superar sus limitaciones. [...] ¿Comprendéis ahora la profundidad de nuestro movimiento nacionalsocialista? ¿Puede haber algo más grande y de mayor alcance? Quienes en el nacionalsocialismo ven tan sólo un movimiento político, demuestran que han comprendido poco, es también algo más que una religión: es la voluntad de crear de nuevo al género humano.»[51]

---

50   Cit. en Payne, S.G, *op.cit;* p. 131.
51   Cit. en Pellicani, L; *op.cit*, pp. 110-111.

Se trataba de un ideario muy alejado del estatalismo sincrético fascista, como no tuvo pudor en reconocer Heinrich Himmler (1900-1945): *«El fascismo y nacionalsocialismo son dos cosas fundamentalmente diferentes... No existe en absoluto comparación entre el fascismo y el nacionalsocialismo como movimientos espirituales e ideológicos»*[52]. Con el mismo tenor se expresó Goebbels: *«El fascismo nada tiene que ver con el nacional-socialismo. Mientras que este último va a las raíces, el fascismo es sólo superficial». «El Duce no es un revolucionario como el Führer o Stalin. Él está tan enraizado en su pueblo que carece de las cualidades fundamentales de un revolucionario mundial.»*[53]

Cabe concluir, pues, que tanto en Fascismo como el Nacionalsocialismo fueron esencialmente diferentes, si bien compartieron unos rasgos comunes y se originaron en o asimilaron aspectos del socialismo revolucionario de naturaleza marxista.[54] Ambos fueron, no cabe duda, la expresión de unas clases medias emergentes, que buscaron movimientos que, en la coyuntura de los años veinte y treinta del siglo XX, representaran el nuevo protagonismo que estaban llamadas a tener, más allá de los orígenes o propósitos iniciales de estas ideologías. La rebelión contra el Positivismo y el Racionalismo estéril, unido al último estertor del Romanticismo en ese siglo, se fundió con las tradiciones políticas de origen jacobino que los socialistas revolucionarios habían empleado en su praxis, y que los bolcheviques en Rusia habían institucionalizado. El Voluntarismo sustituyó a la mecánica dialéctica de la lucha de clases y constituyó un cemento que unió al Nacionalismo idealista y mítico heredero del siglo XIX, con el

---

52   Cit. en Payne, S.G, *op.cit;* p. 287.

53   Cit. en Pellicani, L; *op.cit*, p. 87.

54   A mayor abundamiento, baste tener presente que los movimientos de 'liberación' en las colonias y países sometidos, principalmente por las potencias europeas, fueron casi en exclusiva promovidos durante las Segunda Guerra Mundial por las Potencias del Eje, antes de que, tras el final de la contienda, la Unión Soviética y sus partidos y Estados satélite les cogieran el relevo. Véase Payne, S.G, *op.cit;* p. 130.

colectivismo socialista que se abrió paso ante la incapacidad de los Estados Liberales para dar respuesta a la irrupción de grupos sociales que, hasta entonces, habían estado marginados.[55]

Fascismo y Nacionalsocialismo compartieron, en definitiva, su carácter revolucionario[56], pivotando sobre un socialismode spojado de su vertiente materialista e imbuido del nacionalismo romántico y voluntarista jacobino, con el propósito de establecer una economía dirigista planificada mixta.[57] Pero ahí acaban las similitudes. El 'totalitarismo' del Fascismo no fue más allá de pretender acabar con las divisiones inherentes al sistema democrático, algo muy alejado de la visión comunista y nacionalsocialista, que sí pretendieron la eliminación de la persona individual *per se*, disolviéndola dentro de una comunidad armónica y homogénea, al servicio de una misión histórica que, en el caso del Nacionalsocialismo, implicaba efectuar un revolución social-racial pangermánica, que sustituyera el sistema de valores judeocristiano y exterminara y/o desplazara a categorías enteras de personas, como los judíos, los gitanos o los eslavos. La 'estatolatría' fascista fue criticada por los nacionalsocialistas, que consideraban al Estado poco más que como un mero recipiente.[58]Se trató, pues, de ideologías y movimientos políticos que compartieron algunos rasgos similares, pero que fueron esencialmente diferentes. El verdadero equivalente —tanto ideológica como políticamente hablando, incluyendo la naturaleza de los regímenes y la escala

---

55   González Cuevas, P.C; *La trayectoria de un recién llegado. El fracaso del fascismo español* en Del Rey, F (Coord.); *Palabras como puños. La intransigencia política en la Segunda República española*, Madrid, 2011, pp. 480-486.

56   Furet, F. y Nolte, E; *Fascismo y comunismo*, Madrid, 1999, pp. 118-119.

57   De Benoist, A; *Comunismo y nazismo. 25 reflexiones sobre el totalitarismo en el siglo xx (1917-1989)*, Barcelona, 2005, pp. 89-90.

58   *Ibíd*, pp. 92-94. La asimilación del Nacionalsocialismo en el término genérico 'Fascismo' fue una estrategia diseñada por la Unión Soviética, y seguida por todos sus partidos comunistas satélites, de cara a eliminar el término 'socialismo' en la identificación que pudiera hacerse con el 'enemigo' por un lado y, por otro, para presentarse propagandísticamente como un régimen democrático, en contraposición a las 'dictaduras totalitarias' de Hitler y Mussolini.

de los asesinatos en masa— del Nacionalsocialismo, lo constituyó el Comunismo soviético.[59]

2. Neofeudalismo y anarquía estatal: el Estado nacionalosocialista

Tal y como se ha apuntado con anterioridad, el Nacionalsocialismo careció de una visión del Estado coherente. Se trataba tan
sólo de un recipiente:

> *«El Estado es un medio para un fin. Su finalidad consiste en la con-
> servación y en el progreso de una colectividad bajo el punto de vista físi-
> co y espiritual. Esta conservación abarca en primer lugar todo lo que se
> refiere a la defensa de la raza, permitiendo, por ese medio, la expansión
> de todas las fuerzas latentes de la misma. A través de la utilización de
> esas fuerzas, debe promover la defensa de la vida física y, por otro lado,
> el desarrollo intelectual. En realidad, los dos están siempre en función
> uno del otro. Estados que no tiendan a ese objetivo son creaciones artifi-
> ciales, simples inutilidades.[...] Según esto, el fin supremo de un Estado
> Racista consiste en velar por la conservación de aquellos elementos ra-
> ciales de origen que, como factores de cultura, fueron capaces de crear lo
> bello y lo digno inherente a una sociedad humana superior. Nosotros
> entendemos el Estado como el organismo viviente de un pueblo que no
> sólo garantiza la conservación de éste, sino que lo conduce al goce de*

---

59   Payne, S.G, *op.cit;* p. 134-6.
Fritz Wiedemann (1891-1970), que sirvió junto a Hitler durante la Primera Guerra Mundial y que, además, fue su ayudante personal, tal y como recogió una
conversación grabada por el FBI durante su etapa como cónsul en San Francisco,
dejó patente que *«aparte de la gran lucha entre Inglaterra y Alemania, se libraba
una encarnizada lucha entre el bolchevismo y el nacionalsocialismo, de un lado, y
el capitalismo, de otro [...]. La única diferencia entre el bolchevismo ruso y el socialismo alemán es que el bolchevismo ruso tiene una faceta internacional y el socialismo alemán sólo es nacional. Por lo demás... son idénticos».*Señaló de igual manera
*«que la ironía del destino es que Hitler, que ha tenido el apoyo de tanta gente y les
ha hecho votar y pasar necesidad para luchar contra el bolchevismo en Alemania,
haya sido el verdadero fundador del bolchevismo en Alemania».* Cit. en Weber, T;
La Primera Guerra de Hitler, pp. 360-1.

una máxima libertad, impulsando el desarrollo de sus facultades morales e intelectuales.»[60]

El Tercer Reich puede ser definido, más que como una Autocracia, como una Policracia, en la que, si bien el elemento vertebrador era el liderazgo carismático de Hitler, este tipo de liderazgo, asistemático, dinámico y caprichoso, era incompatible con una Administración estatal racional y organizada, capaz de dirigir ordenadamente las complejidades de un Estado moderno.[61] Su funcionamiento administrativo caótico derivaba, entre otras cosas, de su débil institucionalización, ya que, jurídicamente, la misma pivotó sobre la Ordenanza del Presidente del Reich para la Protección del Pueblo Alemán (4 de febrero de 1933), la Ordenanza del Presidente del Reich para la Protección del Pueblo y del Estado (28 de febrero de 1933), la Ley de Plenos Poderes (28 de marzo de 1933, que fue prorrogada dos veces por el Reichstag, el 30 de enero de 1937 y el 30 de enero de 1939, hasta que en 1943 se extendió de forma ininterrumpida), además de otras leyes, como la Ley de Partido Único en Alemania (4 de julio de 1933), la Ley para asegurarla Unidad del Partido y del Estado (1 de diciembre de 1933), la Ley de las acciones del Estado de Legítima Defensa Estatal (3 de julio de 1934), la Ley de unificación de los puestos de Presidente y Canciller (1 de agosto de 1934), y la Ley de Juramento de Lealtad (20 de agosto de 1934); junto con la disolución de los Sindicatos el 2 de Mayo de 1933 y la eliminación de la soberanía de los Lander en enero de 1934, entre las principales.[62]

Se trató de una anomalía jurídica de grandes proporciones, pues implicaba la superposición de un nuevo ordenamiento jurídico sobre el antiguo, el de la República de Weimar, cuya Constitución jamás fue formalmente derogada. El presidente Paul von

---

60   Hitler, A; *op.cit,* p.239.

61   Hüttenberger, P; *Policracia nacionalsocialista* en J. J. Carreras Ares, ed. El Estado Alemán (1870-1992), Madrid, 1992, pp. 159 y ss.

62   Llobet Rodríguez, J; *Nacionalsocialismo y antigarantismo penal (1933-1945),* Valencia, 2018, pp. 49-67.

Hindenburg (1847-1934) empleó los poderes especiales[63] que dicha Constitución reservaba a la figura presidencial para aprobar los Decretos (y Órdenes)[64] que abrieron la puerta a la dictadura nacionalsocialista. No existió nunca ningún cuerpo o conjunto formal de leyes constitucionales como tales que sustentaran el edificio jurídico del Tercer Reich, que radicó en estas leyes de excepción que, a su vez, condujeron a la aprobación de un nuevo armazón jurídico compuesto por leyes de una naturaleza similar pero con vocación de permanencia. El fondo 'de excepción' se mantuvo durante todo el régimen nacionalsocialista, rechazándose la creación de cualquier estructura legal formal que delimitase competencialmente la Administración y estableciese un adecuado orden de prelación de fuentes jurídicas. Hitler, con su estilo de gobierno caótico y diletante, deliberadamente desestabilizador e impredecible, fomentó aún más la ya de por sí endémica tendencia a la descomposición en el Estado Nacionalsocialista.[65] Hermann Göring (1893-1946) se encargó de dejar claro en su discurso ante la Academia de Derecho Alemán en 1935 que el Estado Nacionalsocialista no era un fin en sí mismo, sino un medio para un fin, el cual no es otro que la realización de la 'Comunidad Popular'.[66] Una comunidad en formación, dinámica, no acabada y aún por conseguir, en la que el individuo se *disuelve* dentro de esta entidad social homogénea, dándose como resultado la *despersonalización del ciudadano* en su seno. La consecuencia lógica de esto es el ataque al individualismo jurídico y la concepción del Juez como un creador de Derecho para implementar la idea nacionalsocialista.[67]

Señala Lozano:

---

63   Hillers de Luque, S; *Nazismo y Comunismo*, Madrid, 2016, pp. 54-55.

64   Se emplearán ambos términos indistintamente.

65   Lozano, A; *La Alemania Nazi (1933-1945)*, pp. 93-100.

66   Ambos, K; *Derecho penal nacionalsocialista. Continuidad y Radicalización*, Valencia, 2020, pp. 64-5.

67   *Ibíd*, pp. 65-74.

«Se ha definido al Estado nazi como una guerra de todos contra todos que enaltecía la posición de Hitler como fuente de toda autoridad. Ribbentrop, ministro de Asuntos Exteriores, odiaba a Goering, el jefe de la Luftwaffe. Éste desconfiaba del arquitecto Speer, quien temía a Himmler, el jefe de las SS, quien, a su vez, odiaba al jefe del partido, Bormann, quien odiaba al ministro de Propaganda, Goebbels, quien odiaba a Ribbentrop en un círculo vicioso sin fin.»[68]

El Gobierno formal dejó de funcionar. Después de febrero de 1938 no volvió a reunirse más. Alemania operaba en función de los vínculos de vasallaje con el Führer. Los ministros y responsables de cada área debían hallar hueco dentro de la a-sistemática agenda de Hitler para poder presentarle borradores de documentos para su aprobación o permiso para implementar líneas políticas. Esta dificultad tuvo como consecuencia que problemas administrativos de calado se quedaran años sin resolver hasta que caían en el olvido o el responsable se rendía ante la evidencia de la imposibilidad de hallar una solución. A su vez, la vaguedad de los planteamientos nacionalsocialistas y la escasa atención que su líder prestaba a los detalles administrativos y al gobierno interno, generó el escenario propicio para que se desatara una lucha darwinista por prevalecer entre los líderes ambiciosos y sus administraciones respectivas, y de estas entre sí.[69]

Ello generó a su vez una *'radicalización acumulativa'*, en la que la 'visión del mundo' y las pautas marcadas por el líder y las autoridades se veían impulsadas a su vez por los proyectos personales y las iniciativas desde abajo. De esta manera, el Reich funcionada de arriba hacia abajo, y de abajo hacia arriba, como se puso particularmente de manifiesto en la forma de operar de las SS, organización en la que sus miembros actuaron por propia iniciativa para materializar el ideal colectivo. Destaca, desde este punto de vista, Peter Padfiel, biógrafo de Himmler: *«En muchos aspectos, la dictadura de Adolf Hitler fue más auténticamente democrática que las 'democracias' a las que se oponía. Porque fue*

---

68 Lozano, A; *La Alemania Nazi (1933-1945)*, p. 95.

69 Kershaw, I; *Hitler. La biografía definitiva*, Barcelona, 2010, pp. 435 y ss.

una expresión del demos colectivo.»[70]Es lo que el historiador Ian Kershaw ha definido como *«trabajar en aras del Führer»*: se premiaba la iniciativa propia a la hora de llevar a la práctica los grandes ideales del líder, y si la iniciativa era correcta, llegaría tarde o temprano una sanción desde arriba.[71]

Con el paso del tiempo, y especialmente a partir del estallido de la guerra, este sistema entró en una fase de acelerado colapso, en la que las mínimas restricciones legales volaron por los aires y las estructuras de gobierno formal que aún subsistían desaparecieron o se volvieron totalmente inoperantes. La proliferación de autoridades plenipotenciarias, con competencias sobre las mismas materias que otras, o que algunas administraciones previamente existentes, crearon un caos administrativo irresoluble que fue una de las razones fundamentales de que los nacionalsocialistas fueran derrotados en la contienda.[72] Estas *luchas bi-*

---

70   Padfiel, P; *Himmler. El líder de las SS y la GESTAPO,* Madrid, 2013, p. 237.

71   Kershaw, I; *op. cit, ibíd.*

72   Lozano, A; *La Alemania Nazi (1933-1945)*, pp. 109-12.

Apenas se planificó nada. Cuando estallaron las hostilidades, no existían planes viables para un conflicto largo a gran escala. El Plan Cuatrienal estaba diseñado para sentar las bases para una economía de guerra para bien avanzados los años 40. Al comienzo de la contienda se presentó el dilema: el mantenimiento del Plan Cuatrienal original impediría la producción del armamento de manera inmediata que requería la guerra en esos momentos, pero si se alteraba para hacer frente a esta demanda sería imposible sostener una producción de guerra más a largo plazo. Las diferentes instancias de poder en el Reich pelearon entre sí por los recursos necesarios para sus respectivas administraciones sin tener en cuenta las necesidades globales. No se adaptó, pues, la Economía para las necesidades de la guerra total. De la misma forma, las políticas social-raciales de deportación, esclavitud y exterminio resultaron a la larga incompatibles con las prioridades económicas. Políticas a las que el nacionalsocialismo no pudo renunciar al ser la base misma de propia guerra, su razón de ser; lo que se puso de manifiesto en el desprecio con que las autoridades acogieron la ayuda que los ciudadanos soviéticos que habían sufrido la dictadura comunista estaban deseando prestar a Alemania. Como señaló Ludolf Herbst, uno de los responsables de la movilización de la población de Alemania para la guerra total: *«En consecuencia, la guerra*

zantinas[73], junto con la intención misma de Hitler, contrario al totalitarismo burocrático centralizado y sistemático[74]—al entender que ello reducía su capacidad de acción y, en última instancia, su poder absoluto— de dotar del Partido de una estructura organizativa que permitiera una adecuada fusión con el Estado[75] condujo a la formación de un Estado de nuevo tipo que cabría calificar*Neofeudal*, más que de *Totalitario*, por cuanto no existió una burocracia verdaderamente verticalizada ni centralizada que fuese capaz de llevar un control absoluto o cuasi-absoluto de la población, inclusive, en lo que respecta a la penetración ideológica.[76] El anti-burocratismo hitleriano[77] saboteó todos los intentos que se hicieron de reformar el sistema desde diferentes instancias. Su forma de gobernar, despreocupada y nada sistemática, le impidió manejar con éxito, eficacia, y eficiencia, los complejos asuntos de un Estado moderno,[78] especialmente uno como el Tercer Reich, con múltiples instancias de poder semejantes a los antiguos señores feudales, con sus imperios en miniatura bajo la égida del líder, que reclamaban para sí competencias que pertenecían a todos y a ninguno a la vez[79], teniendo en cuenta, además, que las administraciones aparecían y desaparecían a medida que el territorio crecía o menguaba.[80]

Este sistema se reveló inviable a medio-largo plazo, incapaz de reproducirse y, aún menos, de subsistir. Hitler saboteó de-

---

estaba perdida antes de que empezara y sólo terminaría si se abandonaba la validez del concepto racial de la guerra total.»Padfiel, P; *op.cit,* pp. 344-345.

73   *Ibíd,* p. 111.

74   Payne, S.G, *op.cit;* p. 126.

75   Prieto Navarro, E; *Intenciones, funciones y estructuras: bosquejo de una anatomía del poder Nacionalsocialista* en Blázquez Ruiz, F.J; *Nazismo, Derecho, Estado,* Madrid, 2014, p. 199.

76   *Ibíd,* p. 198.

77   *Ibíd,* p. 201.

78   Kershaw, I; *op. cit,* pp. 442-443.

79   Prieto Navarro, E; *op. cit,* pp.201-202.

80   *Ibíd,* p. 204.

liberadamente los intentos del ministro del Interior Wilhelm Frick (1877-1946) para dotar de una Administración coherente al Reich. En una fecha tan tardía como 1943, cuando la sombra de la derrota militar amenazaba cada vez más ampliamente a Alemania, se propuso la iniciativa del 'Comité de los tres' propuesta por Hans Heinrich Lammers (1879-1962), una especie de 'gabinete de guerra' que incluiría a los jefes de las tres principales ramas ejecutivas del Estado en ese momento: el Alto Mando de la Wehrmacht, la Cancillería delReich (que dirigía el propio Lammers) y la Cancillería del Partido.[81] Hitler excluyó cualquier autonomía que dicho órgano pudiera tener, y tuvo que vérselas con los feudos del resto de sátrapas nacionalsocialistas, que no estaban en modo alguno dispuestos a dejarse arrebatar poder e influencia por ningún órgano de gobierno racional. Muestra de ello fue la iniciativa paralela de Goebbels de resucitar el Consejo Ministerial para la Defensa del Reich, que debía ser presidido por Hermann Göring, para oponerse al comité de Lammers, y que gobernara la política interior del Reich dejando a Hitler las manos libres para concentrarse en las operaciones militares.[82] El desarrollo de los acontecimientos atrofió el 'Comité de los tres' y la iniciativa de Goebbels no llegó a ser implementada, aceptando los impulsores lo que para muchos era ya una obviedad, que el sistema no era reformable y que estaba inextricablemente unido a la forma de operar de Hitler.[83]

El sistema político-legal nacionalsocialista no funcionó, pues, como un totalitarismo 'acabado' como el de la Unión Soviética y sus países satélites[84], en los que se llevó a cabo una revolución

---

81   Dirigida por Martin Bormann (1900-1945), auténtica 'eminencia gris' del régimen y el segundo hombre más poderoso del Reich después de Hitler. Las intrigas relativas al 'Comité de los tres' y los planes de Goebbels se enmarcan dentro de la rivalidad existente dentro del círculo interno del Führer.

Kershaw, I; *op. cit,* pp. 962-963.

82   *Ibíd,* pp. 963-964.

83   *Ibíd,* 965-967.

84   Véase Rojas, M; *Lenin y el Totalitarismo,* Málaga, 2012.

institucional completa, convirtiéndose el Partido Comunista en el único director de la escena política, anulando y controlando el resto de esferas de poder, supeditada toda la sociedad y toda la Administración a la ideología única del Partido Único. No sucedió así en la Alemania Nacionalsocialista por los motivos apuntados. El NSDAP tuvo que compartir espacio y competir con otras instancias de poder no propiamente nacionalsocialistas que siguieron existiendo y que ejercieron su influencia, eso sí progresivamente supeditadas a la ideología oficial. Al no existir un gobierno efectivo desde el Partido, sino que dependiente de la voluntad caprichosa del líder que gobernaba desconectado de 'aparato' alguno, el totalitarismo no fue posible, aunque la ideología nacionalsocialista aspirase a los absolutos. El portador de poder no fue un solo agente, sino varios, razón por la cual el Tercer Reich no puede ser calificado como una *Autocracia*, sino como una *Policracia*.[85]

Estos portadores de poder fueron[86]:

1. El NSDAP: que ejerció una función propagandística y de adoctrinamiento ideológico en todas las esferas que llegó a controlar, adquiriendo una gran penetración en el mundo de la Cultura, si bien se topó con esferas competenciales del todopoderoso Ministerio de Propaganda de Goebbels, que ejercía su dinámica propia, al margen de la del Partido. Controló el bajo funcionariado y los trabajadores de los organismos públicos y empleados, aunque careció del suficiente personal capacitado para poder controlar ideológicamente toda la Administración, como era su deseo, debiendo compartir este control con el funcionariado de carrera y otros empleados públicos que ya estaban en sus puestos desde la República de Weimar y que no eran, necesariamente, nacionalsocialistas. Como correctamente apunta Franz Neumann, el dualismo entre Partido y Estado des-

---

85   Hüttenberger, P; *op. cit*, p. 182.

86   *Ibíd*, pp. 188-189.

pareció progresivamente para dejar paso a un movimiento amorfo, de manera que los vestigios del Estado racional fueron reemplazados por una forma de anarquía más o menos organizada.[87]

La influencia y el poder del Partido estuvieron ligados a la figura de Martin Bormann, que con su acceso directo a Hitler llegó a gestionar gran parte de sus asuntos personales. Tanto fue así, que conforme la situación exterior e interior se deterioró, la influencia del Partido creció, a expensas del declive del Ejército y de las SS. Hacia el final del Tercer Reich, el Partido y Bormann gozaban de un poder muy superior en comparación con el que habían tenido durante los años anteriores.[88]

2. Las SS (*Schutzstaffel*): fueron, durante casi toda la dictadura nacionalsocialista, su élite ideológica y racial. A su vez, controlaban las *Waffen SS* (las unidades militarizadas de las SS, encargadas de librar la guerra social-racial revolucionaria que perseguía el nacionalsocialismo), la SD (*Sicherheitsdients*, el servicio de inteligencia, encargado de perseguir a los enemigos del régimen), y la GESTAPO (*GeheimeStaatspolizei*, la Policía Secreta, encargada de controlar a los ciudadanos y de neutralizar a los enemigos políticos).[89] Su control aumentó conforme los nacionalsocialistas permanecieron en el poder, y se expandió hasta sus cotas máximas con el comienzo de la guerra y el conflicto racial en Europa del Este y la Unión Soviética. En este contexto, las fricciones con el Ejército fueron frecuentes, conforme las SS y todo su entramado se convirtieron en una administración paralela que se emancipó del Partido y

---

87   Ambos, K; *op. cit,* pp. 31-32.

88   Lozano, A; *La Alemania Nazi (1933-1945)*, pp. 122-124.

89   *Ibíd,* pp. 113-22.

de otros órganos de control, generando su propia 'legalidad de hechos' y creando un Estado dentro del Estado.[90]

Su declive comenzó, paradójicamente, en el punto en que su expansión fue mayor. El reclutamiento de delincuentes, individuos no alemanes pertenecientes a zonas conquistadas[91], la brutalidad de la guerra racial en el Este (que motivó la extensión del cinismo y de la indisciplina) y, en definitiva, la desnaturalización de la idea inicial de élite racial, redujeron la coherencia del núcleo que mantenía unido el ideario de las SS. La labor de sabotaje de Bormann y el fracaso de Himmler como comandante en jefe del Grupo de Ejércitos del Alto Rin[92] marcaron la caída definitiva, junto su búsqueda infructuosa de un acuerdo con los Aliados.[93]

3. Los Gobernadores del Reich: especialmente los que ocuparon el rol de gestionar los Territorios Ocupados como administración civil que, como dueños y señores de sus feudos, entorpecieron cualquier coordinación con otras instancias de poder —especialmente si el gobernador en cuestión albergaba algún tipo de antipatía por otro con el que tuviera que relacionarse o con alguna autoridad teóricamente superior[94]— a la vez que compitieron entre sí exacerbando las

---

90   Hüttenberger, P; *op. cit,* p. 188-189.

91   Como fue el caso de la 13.ª División de Montaña SS Handschar, compuesta por reclutas de Croacia y Bosnia de fe musulmana, en cuya confección fue fundamental la figura de Amin al-Husayni (1895-1974), Gran Mufti de Jerusalén y líder palestino. Cada batallón de esta División contó con un *imán* para las tropas. Husayni colaboró con los nacionalsocialistas en sus políticas antijudías, eludiendo los juicios por crímenes de guerra hallando asilo en Egipto. Fue sucedido como líder árabe por su sobrino carnal Yasir Arafat (1929-2004). Véase Mayor Ferrándiz, T.Mª; «Los negacionistas del Holocausto»en *Revista de Claseshistoria, ISSN-e 1989-4988, Nº. 4 (Abril), 2012, p. 5,* pp. 11 y ss.

92   Padfiel, P; *op.cit,* pp. 703 y ss.

93   Lozano, A; *La Alemania Nazi (1933-1945),* pp. 120-121.

94   Sobre esta cuestión, es ilustrativo analizar la rivalidad y, finalmente, el conflicto que se generó entre Alfred Rosenberg (1893-1946), ministro de los Territorios Orientales ocupados, y Erich Koch (1896-1986), gobernador (*Gauleiter)*

tendencias neofeudales previamente existentes y poniendo en marcha proyectos propios dentro de la dinámica de 'radicalización acumulativa' y en la lógica de 'trabajar en aras del Führer'. De esta manera, la 'periferia' movió al 'centro' a menudo, generando esferas de poder personal y colectivo que se fueron devorando mutuamente hasta el fin.[95]

4. El Ejército: había sido domesticado relativamente tras la Crisis Blomberg-Frittsch[96] de 1937-1938, tras la cual se subordinó a la voluntad de Hitler y a los objetivos estratégicos de éste. A partir de dicho momento, su capacidad para influir políticamente fue mermando paulatinamente, y los conflictos de los militares de carrera con Hitler a causa del desarrollo de la guerra con la Unión Soviética[97], junto con el desarrollo adverso de la contienda global y el atentado contra Hitler del 20 de julio de 1944 —en la conocida como 'Operación Walkiria'—hicieron restañar las costuras. A partir de este último evento, el Ejercito se vio crecientemente controlado por las SS, incluyendo la aparición de los oficiales de orientación ideológica (a semejanza de los Comisarios Políticos soviéticos, que ya habían sido introdu-

---

de Prusia Oriental y comisario del Reich para los Territorios Ucranianos, a causa de los métodos para gobernar Ucrania. El segundo pretendía una despiadada explotación económica y racial, mientras que el primero consideró más viable alentar el nacionalismo ucraniano y las esperanzas de que Ucrania fuese algún día 'independiente' dentro del Imperio Alemán. Aunque teóricamente Rosenberg era superior de Koch, este, en su calidad de gobernador del Reich, tenía acceso directo a Hitler, por lo que podía obtener de éste las autorizaciones necesarias para aplicar sus políticas, aun en contra de la dirección marcada por Rosenberg. Véase Rees, L; *Una Guerra de Exterminio. Hitler contra Stalin,* Barcelona, 2006, pp. 93-96.

95   Prieto Navarro, E; *op. cit,* p.204.

96   Rees, L; *El oscuro carisma de Hitler,*pp. 109-114.

97   Bellamy, C; *Guerra Absoluta. La Rusia Soviética en la Segunda Guerra Mundial: una Historia Moderna,* Barcelona, 2011, pp. 310-27, 368-73, 398-401.

cidos en 1943) y la eliminación de cualquier capacidad de maniobra autónoma que pudiera tener.[98]

5. El Mundo Empresarial: debido a la transacción con las élites conservadoras que los nacionalsocialistas se vieron obligados a realizar para alcanzar el poder, inicialmente los empresarios y las grandes industrias conservaron su poder. Sin embargo, los objetivos planificadores nacionalsocialistas no tardaron en ponerse en marcha con el Plan Cuatrienal y el Plan Krauch, cuyo propósito era eliminar o, como mínimo, reducir al mínimo los intercambios con el exterior, alcanzando así un sistema económico Autárquico.[99] El estallido de la guerra aceleró la planificación económica, y los objetivos industriales quedaron definitivamente supeditados a los políticos, sobre todo con el diseño del *General plan Ost* (Plan General del Este).[100]Los esfuerzos para 'guerra total' limitaron aún más la autonomía empresarial, en coherencia con los planteamientos nacionalsocialistas, lo que no impidió que grandes imperios industriales como IG-Farben explotaran la mano de obra esclava judía.[101]

Las luchas darwinistas entre estos grupos fue la dinámica general y esencial en el Tercer Reich. Esta lucha o excepción permanente fue el verdadero 'sistema' constitucional del Nacio-

---

98   Lozano, A; *La Alemania Nazi (1933-1945)*, pp. 128-9.

99   *Ibíd,* pp. 181-190.

100   Previsto para el efectivo desarrollo del socialismo agrario alemán, contempló el exterminio, el desplazamiento y la esclavitud de millones de eslavos, así como la explotación económica sistemática de los territorios soviéticos y de Europa del Este por los colonos alemanes, después del sometimiento de la población nativa. Se estimó la desaparición de entre 31 y 45 millones de personas. Hubo varias versiones. En una de ellas se proyectó la eliminación de un 80/85% de polacos, 65% de ucranianos afincados en el Oeste, un 75% de bielorrusos y un 50% de checoslovacos. Véase Snyder, T; *Tierras de sangre. Europa entre Hitler y Stalin,* Barcelona 2012, pp. 198-203.

Esta visión fue claramente expresada por Hitler como uno de sus objetivos fundamentales. Véase Kershaw, I; *op. cit,* pp. 812-8, y 916-7.

101   Lozano, A; *La Alemania Nazi (1933-1945)*, pp. 190-195.

nalsocialismo, perfilado más en base a los hechos que a las leyes. Esta base es imprescindible para poder analizar y entender la producción legal que en su seno tuvo lugar. Los principios de una Administración formal y, con ellos, los de un sistema jurídico-legal coherente, en el que las leyes fueran respetadas y su contenido limitara a quienes las aplicaban, simplemente, no existieron. El favorecimiento del caos burocrático tuvo su reflejo en el caos legal, en función sobre todo de grupo de poder al que afectaran y de los canales de responsabilidad-exigencia que los mismos textos legales previeran al efecto. Ello en coherencia con la visión nacionalsocialista del Estado y del Derecho tan sólo como algo útil para materializar su visión del mundo y, por lo tanto, disponible si constituía un obstáculo para ello. Paradójicamente, el Derecho Nacionalsocialista estuvo presidido por un desprecio contante a las nociones mismas de 'Ley' y 'Derecho' como algo separado del *Volk*, perfilándose siempre las 'vías de hecho' como las esenciales en el funcionamiento de un sistema que estuvo siempre en continua evolución y cambio, y que no llegó a estabilizarse jamás. Los hechos determinaban las leyes, no las leyes los hechos que podían o no llevarse a cabo.[102]

---

102   Llobet Rodríguez, J; *op. cit,* pp. 91-101.

III

DERECHO PENAL Y GUERRA DE EXTERMINIO

1. Irracionalismo anti-positivista: la Ciencia Jurídica nacionalsocialista

El punto 19 del Programa del NSDAP, aprobado el 25 de febrero de 1920, declara: *«Exigimos que el Derecho Romano, que sirve al régimen materialista del mundo, sea reemplazado por un sistema legal concebido para toda Alemania.»*[103]Toda una declaración de intenciones. No era baladí. La ideología nacionalsocialista reaccionó de manera furibunda contra todo el sistema normativo existente en el momento que apareció. No se trataba de la mera oposición a leyes determinadas, sino a una manera de concebir el mundo y, con ello, del Derecho. Alfred Rosenberg en *El Mito del siglo XX* lo expresó claramente:[104]

> *«En la adulteración a través de influencias romano-sirias, de la idea nórdica del Derecho, consciente del honor, reside una de las causas más profundas de nuestro desgarramiento social. El pensamiento romano puramente capitalista privado 'santificó' en la mano del ídolo estatal absoluto —indistintamente que esté corporizado en la monarquía o la república— la incursión depredatoria de un pequeño grupo de seres*

---

103   Hitler, A; *op.cit,* p. 424.

104   Rosenberg, A; *El Mito del siglo XX,* Barcelona, 1992 (versión informática, 2002), p. 199.

humanos que mejor que todos, había sabido deslizarse a través de las mallas de una red de un articulado puramente formal.»

Con una consecuencia más clara aún:[105]

«Una interpretación germánica del Derecho debe otorgar a todo miembro del pueblo el derecho de defender con la palabra y la acción el honor de la Nación, también a través de la auto-ayuda en el terreno de los hechos cuando las circunstancias no permiten la intervención de los tribunales. Conceder a los traidores a la Patria mentalidad pacifista como circunstancia atenuante, significa declarar al cobarde en igualdad de derechos con el hombre valiente. Por tanto, es más que justificado formular, por fin, de una vez la siguiente exigencia:

Todo alemán y no-alemán que viva en Alemania que mediante la palabra, la escritura y la acción incurre en la culpa de injuria al pueblo alemán, será castigado, según la gravedad del caso, con prisión, presidio o con la muerte.

Un alemán que fuera de los límites del Reich comete el mencionado delito será, si no se somete al tribunal alemán, declarado sin honor. Perderá todos los derechos de ciudadanía, será desterrado parasiempre del país y proscrito. Su fortuna ha de ser confiscada en favor del Estado.»

La reacción nacionalsocialista contra el Derecho Romano se basa en dos puntos fundamentales: primero, el establecimiento de una visión individualista-capitalista de la vida, en la que la comunidad cede ante la persona particular; segundo, impone un formalismo abstracto ajeno a las esencias de la comunidad nórdica, racionalizando parámetros de comportamiento que nada tienen que ver con la visión milenarista de comunidad racial nacionalsocialista, tales como el deber frente a la colectividad —que es la que define al individuo, y no al revés— y el Honor. Conceptos místicos de matriz irracionalista, que se emplean a su vez para excluir primero y hacer acreedores del peor de los castigos después a los individuos que atenten contra la comunidad misma. En contraposición al derecho *volkisch*, el Derecho Romano, según los nacionalsocialistas, 'desnaturalizó' el Derecho Germánico natural primigenio, introduciendo un derecho *indi-*

---

105   *Ibíd,* pp. 199-200.

vidualistisch.[106] Los reproches de los juristas nacionalsocialistas al Derecho Romano aparecen bien reflejados en un manual de formación para oficiales de las SS:[107]

> *«Opongamos término a término algunas máximas de nuestros ante-pasados al Derecho Romano-Bizantino que nos fue impuesto durante los últimos siglos, cuando era extraño a nuestra raza, para mostrar hasta qué punto esas concepciones jurídicas extranjeras fueron —no podía ser de otra manera— devastadoras para nuestro pensamiento y nuestra voluntad de raza:*
>
> *El Derecho Romano-Bizantino dice: 'El propietario puede hacer uso de la cosa según su voluntad'. El Derecho Sajón, por su parte, dispone: 'El interés común está por delante del interés particular'. El Derecho Romano proclama: 'La tierra puede cederse igual que se ceden esclavos o animales'. El Derecho Sajón, por su parte, dispone: 'La tierra no puede cederse sin el parecer de los herederos'. Y también: 'El Derecho ha quedado codificado en cincuenta libros para la eternidad'. El Derecho sajón dice: 'El Derecho escrito no puede suplantar el Derecho de la naturaleza'.»*

El Derecho Romano era, pues, profundamente 'anti-natural', siendo precursor del 'positivismo' y del 'normativismo' abstracciones de origen judío, egoístas e individualistas, ajenas por completo a la comunidad germánica. Hans Frank (1900-1946), principal arquitecto del Derecho Nacionalsocialista y gobernador de la Polonia Ocupada (Gobierno General) resaltó una cuestión capital en lo que respecta alanueva ciencia jurídica: *«El Derecho Romano nos ha aportado el concepto de persona jurídica como titular de derechos subjetivos y objetivos, así como el concepto de cosa».*[108]Con ello puso de manifiesto dos importantes objetivos a batir: la persona jurídica y los derechos subjetivos, que eran nociones importadas, producto de una perversión de la raza germánica. En tanto que se rechaza el universalismo para ensalzar el particularismo, el derecho de la raza germánica sólo tiene vigencia y es válido para ella. Ningún otro derecho puede serle

---

106   Chapoupotot, J; *La revolución cultural nazi,* Madrid, 2018, pp. 67-8.

107   *Ibíd,* pp. 65-66.

108   *Ibíd,* pp. 67.

aplicado a ella, ni éste es susceptible de ser aplicado a su vez a otros pueblos o razas. En tanto que la raza germánica fue pura y compacta, pudo dar lugar a una producción jurídica de las mismas características para sí. La perversión extranjera, oriental y judaizante rompió con esta armonía racial, provocando que la raza se contaminara y, en consecuencia, su producción jurídica también lo hiciera, adoptando un *modus vivendi* jurídico anti-germánico.[109]

La caracterización 'judía', 'egoísta', 'materialista' y 'capitalista' que los nacionalsocialistas vinculan al Derecho Romano es lo que lo hace incompatible con la sociedad racial germana y con el Estado Racista. La doctrina judía materialista niega el principio de la Naturaleza, su voluntad creadora, que condena la mezcla racial y previene contra el envenenamiento de la sangre.[110] Si el objetivo fundamental de este Estado es la conservación de la raza, todas las demás cuestiones, incluidos los principios jurídico-formales, deben estar supeditados a dicha tarea. La Filosofía del Derecho nacionalsocialista es claramente Finalista, desde este punto de vista, a la par que fuertemente iusnaturalista y anti-positivista,[111] salpicada de elementos irracionalistas y voluntaristas por un lado, y místicos indo-germánicos por otro.[112] El principio comunitario se revela como fundamental, de manera que el movimiento nacionalsocialista debe procurar que el hombre no viva dedicado al goce los bienes materiales, garantizando la comunidad lo que necesite para su existencia, pero eliminando

---

109   *Ibíd,* p.68.

110   Aguilar Blanc, C; *Los orígenes iusnaturalistas de la filosofía jurídica nacionalsocialista en la obra política escrita de Adolf Hitler y Alfred Rosenberg* en *Revista Internacional de Pensamiento Político - I Época - Vol. 8 - 2013 - [187-210] - ISSN 1885-589X*, p. 191.

111   García Amado, J.A; *Nazismo, Derecho y Filosofía del Derecho* en *Anuario de Filosofía del Derecho VIII (1991) 341-364*, pp.347-50.

112   Aguilar Blanc, C; *op.cit,* p. 192.

el principio acumulativo-individualista de naturaleza materialista y capitalista.[113]

La emancipación del judaísmo cultural es esencial para el mantenimiento y el progreso de dicha comunidad, un principio que Hitler y Marx compartieron.[114] Porque si el judaísmo es egoísmo, la comunidad perece si dicha cosmovisión se imprime en ella y quebranta su armonía. Desde esta óptica, el Derecho Romano y todo lo que trajo consigo debía ser eliminado. Al introducir el Individualismo y la Propiedad Privada, esta arquitectura jurídica separó al Pueblo (*Volk*) de la Sangre (*Blut*) y de la Tierra (*Boden*), convirtiendo la tierra en una pura cosa, y el bien inmueble en puro bien mueble por medio de las garantías jurídicas individuales.[115] Estos derechos individuales separan a la persona de la comunidad, razón por la cual deben ser eliminados. Ya Marx apuntó en esa dirección en *Sobre La cuestión judía* al establecer que los 'Derechos Humanos' no eran más que los derechos del individuo egoísta, imbuido del judaísmo cultural. La libertad real no es aquella que disfruta el individuo para sí, sino la disolución de su identidad individual en la comunidad, dando lugar al 'ser-especie' (*Gattungswesen*), al 'ser-colectivo' (*Gemeinwesen*), al 'individuo total' (*TotalemIndividuen*). Por lo tanto, estos derechos deben desaparecer.[116]

Según Rosenberg, el Derecho había sido la 'ramera de la Economía' en el capitalismo individualista. El nuevo Derecho Germánico debía sustituir el mercantilismo por el Honor como matriz fundamental e irrenunciable, el principal bien jurídico a proteger, por encima del resto de consideraciones formales y garantistas, herederas de la tradición romanista-liberal. El Honor es inseparable del Deber hacia la comunidad. El Derecho debe preservar ese 'honor' y ese 'deber', no las garantías jurídicas in-

---

113   *Ibíd,* pp. 193-194.

114   *Ibíd,* pp. 193-196.

115   Chapoupotot, J; *op.cit,* p. 64.

116   Marx, K; *op. cit,* pp. 31-37.

dividuales de los individuos, de los colectivos o de, en definitiva, la sociedad en su conjunto.[117] Sobre esta base se cimienta la
desigualdad de individuos en función de la desigualdad natural
de razas. La raza era la comunidad en esencia natural del sujeto
individual, a nivel genético, sin duda, pero también a nivel espi-
ritual. Esta concepción total tuvo un reflejo directo en su concepción del Derecho Penal:[118]

> «*El castigo no es en primer término un medio de educación, como nos
> lo quieren hacer creer nuestros apóstoles del humanitarismo. El castigo
> tampoco es una venganza. El castigo es (aquí se habla del castigo por
> delitos deshonrosos) simplemente el apartamiento de los tipos extraños
> y de la esencia extraña a la especie. Por tal razón, el castigo por críme-
> nes deshonrosos debe traer consigo automáticamente la pérdida de los
> derechos ciudadanos y, en casos graves, la expulsión de por vida y la
> confiscación de bienes. Un ser humano que no ve en la nacionalidad
> y en el honor del pueblo el valor supremo, ha perdido el derecho de ser
> protegido por este pueblo. Que la traición al pueblo y a la Patria debe
> ser castigada únicamente con el presidio y la pena de muerte, cae de su
> propio peso.*»

La comunidad racial debe 'extirpar' a los elementos nocivos,
en una lógica biológica que expone dos tipos de racismo: uno ne-
gativo y otro positivo. El primero define 'negativamente' quiénes
no pertenecen a la comunidad y, en consecuencia, tienen que
ser eliminados de una manera u otra. El segundo entiende de
manera 'positiva' quiénes sí pertenecen a esta comunidad total,
definiéndose entonces el sujeto a través de la lógica integración/
identidad que lo dotaba de sentido.[119] Ello entronca con una determinada visión racial del mundo que ya había tenido predica-
mento en Alemania durante el siglo XIX, que defendía un
racismo social-darwinista y racial-eugenésico, en relación a unos

---

117   Aguilar Blanc, C;*op.cit,* p. 197-198.

118   Rosenberg, A; *op. cit,* p. 205.

119   Blázquez Ruiz, J.J; *Fundamentos biológicos del derecho nacionalsocialista* en Blázquez Ruiz, F.J; *Nazismo, Derecho, Estado,* Madrid, 2014, pp. 90-91.

nuevos horizontes prácticos que se abrían a raíz de los nuevos avances científicos y tecnológicos.[120]

De ello bebe Rosenberg cuando plantea políticas eugenésicas a gran escala, tales como la eliminación de la capacidad reproductiva de los criminales reincidentes y de quienes sufran dolencias hereditarias por medio de intervenciones quirúrgicas obligatorias, o la prisión/muerte para quienes participen en relaciones sexuales entre alemanes y judíos, por lesión a ese 'bien jurídico máximo' —lo que conlleva como es obvio un Derecho Penal de máximos— del Honor/Deber. Ninguna noción de resocialización, integración o Derecho Penal del Delincuente como garantía de protección contra los potenciales abusos del Estado o de la sociedad existe en la concepción nacionalsocialista. Algo lógico por otra parte, por cuanto la Pena se prevé tan sólo como un medio para un fin: la eliminación de los 'extraños a la comunidad'.[121]

Esto no es más que un desarrollo del propósito declarado de borrar, como señaló Goebbels en 1933, '1789' de la Historia de Alemania. ¿Qué significaba realmente? Erradicar el Individualismo y los Derechos de la Persona. Una visión abstracta, no germánica, que no podía tener cabida dentro del Nacionalsocialismo como verdad científica. Si la Ideología era ahora ciencia, forzosamente, 'matemáticamente' debían excluirse absolutamente todas las demás nociones, todas las demás realidades y todos los demás puntos de vista. No pueden existir 'Derechos Humanos que hagan a todas las personas iguales universalmente cuando la ciencia dictamina, inapelablemente, la desigualdad de razas.[122] El combate contra la Revolución Francesa iba mucho más allá. El

---

120   *Ibíd,* pp. 96-97.

121   Aguilar Blanc, C;*op.cit,* p. 199-200. Esta visión no quedó encapsulada dentro de los textos filosóficos de Hitler o Rosenberg, sino que, al margen de las leyes que se aprobaron y de las vías de hecho que aplicaron (mucho más numerosas) la Doctrina y los Tratadistas de Derecho durante el Nacionalsocialismo los convirtieron en razonamientos jurídicos válidos susceptibles de aplicados por un Tribunal en un Proceso, y de ser empleados por los abogados y los fiscales.

122   Chapoupotot, J; *op.cit,* pp. 77-90.

objetivo era mucho más ambicioso: eliminar la cosmovisión cristiana de la carne pecaminosa y de la separación entre el espíritu y el cuerpo. La doctrina cristiana, anti-natural y anti-humana debía ser erradicada. No se trataba de la eliminación de la Religión, puesto que el mismo Himmler simpatizaba con el Islam, considerándolo superior al Cristianismo, entre otras cuestiones, por la valoración positiva que, según él, dicho credo otorgaba al combate y a la violencia, no teniendo el más mínimo inconveniente, como hemos visto, en crear divisiones de las *Waffen-SS* con voluntarios bosnios y albaneses de confesión musulmana.[123]

Todo ello tomó forma en un cuerpo jurídico formalmente tan incoherente como su estructura administrativo-estatal, plasmada en la triada Pueblo, Raza, *Führer*. La voluntad de este último revistió fuerza de ley, y se situó como cúspide del Ordenamiento Jurídico en el orden de prelación de fuentes, a la cual quedaban supeditadas todas las demás, pudiendo anular incluso el resto de producciones jurídicas, aun habiendo sido incluidas dentro del ordenamiento previamente y, hasta el momento, valoradas positivamente.[124] Todos los principios que habían caracterizado a la Ciencia Jurídica hasta entonces desaparecieron con una rapidez asombrosa. La Primacía de la Ley, la sumisión del Juez y del resto de operadores jurídicos a la misma, la sujeción del Gobierno, de la Policía, de la Administración Pública y las Empresas, esto es, de los sujetos de derecho al Derecho quedaron eliminados. La 'Comunidad Popular' no podía quedar atada por una delimitación legal formal, de manera que la inseguridad jurídica constituyó un rasgo básico del sistema legal nacionalsocialista.[125]

El 'derecho antiguo' quedó desplazado por el *Führerprinzip*-[126]conducente a la realización de los Principios del Programa del NSDAP, auténtica Carta Magna del movimiento nacionalsocia-

---

123   *Ibíd,* pp. 93-113.

124   Blázquez Ruiz, J.J, *op.cit,* pp. 104-5.

125   *Ibíd.*

126   Hillers de Luque, S; *op.cit,* pp. 304-305.

lista y, por tanto, del Tercer Reich. Sus abstracciones jurídicas debían quedar en la nada, toda vez que profundizar en ellas ampliaría la alienación entre el Pueblo y el Derecho. Tal es el mal de los momentos presentes. De la misma manera que el Cristianismo separó 'Espíritu' y 'Cuerpo', el sistema legal liberal-burgués heredero del Derecho Romano y de la Ilustración separó 'Pueblo' y 'Derecho.[127] El Nacionalsocialismo reconciliaría a ambos por fin. Porque, como da a entender Hans Frank, el 'Derecho' en sí mismo considerado no existe, como 'entidad' fuera del 'pueblo', lo que conlleva a romper con las ataduras jurídicas tradicionales y a asumir como premisa esencial que el ordenamiento jurídico no puede ser empleado contra la comunidad, conceptualizando el Código Penal como *«la reacción clara y enérgica de una comunidad sana a los ataques nocivos y criminales del género infrahumano».*[128] La columna vertebral del Derecho Nacionalsocialista, en coherencia con lo antedicho, fue la siguiente:[129]

«Todo lo que es útil al pueblo, es derecho; todo lo que le perjudica no es derecho.»

El Organicismo no sólo impidió que la producción jurídica del Tercer Reich pudiera homologarse a la de otros Estados del entorno, sino que alcanzara si quiera un mínimo de garantías jurídicas residuales. Desde este punto de vista, el Derecho Nacionalsocialista es un instrumento para la mejora de la raza y un arma para combatir a los enemigos.[130] Un rescate del *Derecho Popular* germánico para nada abstracto ni formalista, que no tiene una existencia sustantiva separado del Pueblo, por lo que puede alojar perfectamente las 'reacciones de hecho' porque, si el Derecho *es* el Pueblo, y el Pueblo *es* el Führer, los sucesos y las voluntades modificarán en cada momento la materialización de ese

---

127 *Ibíd,* pp. 309-310.

128 *Ibíd,* p. 310.

129 *Ibíd.*

130 Rivaya, B; *La revolución jurídica del fascismo alemán* en *Boletín de la Facultad de Derecho, núm. 19, 2002 (Oviedo),* p. 422-3.

mismo Derecho, que no está ya en los textos sino en la 'Sangre', en la 'Tierra', en el 'Espíritu', en la 'Raza'. Pese a no querer ubicarse ni en el Iusnaturalismo ni en el Iuspositivismo, es claro que se está ante un Iusnaturalismo, pero de naturaleza *sui géneris*, especial.[131] Un Iusnaturalismo opuesto a la Tradición Judeo-cristiana y a la Moral aneja a esta cosmovisión, de carácter biológico, más que moral o cultural, en el que la *Voluntad del Führer* estaba por encima de cualquier consideración. Ello no por gozar de unos conocimientos jurídicos superiores al resto de los mortales, sino porque, en coherencia con la 'Teoría médica del Derecho' (según la cual el espíritu del pueblo es el espíritu de la raza), este no actúa arbitrariamente ni por capricho 'individual' —lo que repugnaría a esta lógica jurídica comunitarista— sino en base a su unión indisoluble con el *Volk*. Conoce sus necesidades y su voluntad, por lo que se trata de *«el único intérprete autorizado del pueblo alemán»*.[132]

El *Führerstaat*(Estado del Führer) sustituyó así al Estado de Derecho. El *Estado del Führer* basado en el *Principio del Führer*, esto es, en su Voluntad.[133]Como Hitler señaló, no se trataba de fundar una Monarquía o de reformar el sistema republicano, sino de edificar un Estado Germánico que preservase las esencias raciales. Lo demás, el ornamento o la caracterización externa, tiene una importancia subsidiaria.[134] Lo importante es la unidad entre el Pueblo y el Estado, en un 'Estado sustancial', diferente al 'Estado abstracto' o 'Estado sin pueblo' kelseniano. Este Estado 'total' no descansa sobre bases parlamentarias, sino en la confianza otorgada por la comunidad, existiendo una sintonía absoluta entre la ética comunitaria, la 'esencia' del Pueblo y las leyes. Lo que implica una sustitución del 'yo' por el 'nosotros', y de la responsabilidad legal individual por la responsabilidad místico-valo-

131   Hillers de Luque, S; *op.cit*, p. 286.

132   Rivaya, B;*op.cit*, pp. 423-424.

133   Ambos, K; op, cit, pp. 75-77.

134   Hillers de Luque, S; *op.cit*, pp. 325.

rística comunitaria. De esta manera, al eliminarse las abstracciones individualistas en pos de una *horizontalización psicológica* materializada en una ética comunitaria única, es como se llega a ese Estado 'total' superador de las diferencias particulares y de la disgregadora y autodestructiva atomización individualista. En el análisis desarrollado por el jurista alemán Otto Koellreutter (1883-1972), dentro de este nuevo tipo de Estado, que va más allá del Estado Autoritario clásico, se crea un 'puente ético' entre el Derecho y del Estado. El Estado racista es un *Estado Ideocrático* en su más íntima esencia. La legalidad no se observa desde esta óptica situado en una posición de manejo de los elementos esenciales de la lógica jurídica clásica o de las notas de la ciencia jurídica 'como tal', si no entendiendo que el 'Derecho' es algo consustancial al 'Pueblo' y a su máximo intérprete, el Führer. Un Derecho que es, por ello, siempre justo, hecho uno con la moral general (*moralanschauung*) y nunca ajeno a la voluntad de la Comunidad Popular.[135]

Se entiende así la consecución de uno de los fines predilectos de la ciencia jurídica nacionalsocialista: la eliminación de la Persona Jurídica como presupuesto irrenunciable para poner en pie un Derecho basado en el 'sano sentimiento del Pueblo'.[136] Karl Larenz (1903-1993), que fue, junto con Carl Schmitt (1888-1985), uno de los principales juristas que tradujeron al lenguaje jurídico los presupuestos nacionalsocialistas, resumió bien la cuestión:[137]

> *«No es tanto por ser individuo, hombre o titular de una razón abstracta y general por lo que tengo derechos y deberes, así como la posibilidad de establecer lazos jurídicos, sino por ser miembro de una comunidad que se otorga mediante el derecho su forma de vida —por ser miembro de la comunidad racial—. El volksgenosse sólo es una personalidad concreta en tanto ser que vive en la comunidad.»*

En tanto que el individuo 'es' según pertenezca a la comunidad o no lo haga, e incluso así, siempre será considerado como

---

135   *Ibíd,* pp. 327-330.

136   Chapoupotot, J; *op.cit,* pp. 141-158.

137   *Ibíd,* p. 155.

un mero engranaje de la misma, no como algo sustancial individualmente considerado, junto con la noción de Persona Jurídica, pierde validez también la de Derecho Subjetivo savigniana. Dicha visión, con su otorgamiento de poder absoluto a la voluntad individual, era anatema para la ideología jurídica del nacionalsocialismo, que percibía a los sujetos tan sólo en la medida en que fuesen 'pertenecientes a'. De esta forma, la *ciudadanía* en el Reich constituyó una noción ostensiblemente diferente a la que podemos entender en nuestra cultura jurídica actual. Para estar 'dentro' del Derecho Nacionalsocialista, se debían cumplir dos requisitos: ser *volksgenossen* (hijos del pueblo) y *gliedstellung* (camaradas). Una vez constatado esto, se era *rechtsgenossen*(hijos del derecho), algo equivalente —desde el punto de vista nacionalsocialista— a lo que en los sistemas jurídicos herederos de la Ilustración y del Liberalismo se entendería por 'ciudadanos'. En contraposición, *súbditos* eran los que estaba excluidos de la comunidad. La Ley no es, en Larenz, un texto normativo plasmado y delimitado, sino algo inseparable a la esencia de la comunidad, de manera que el derecho subjetivo es reemplazado por el deber hacia la comunidad.[138] Se trata de un concepto material de la Justicia, basado en ese 'sano sentimiento del Pueblo' y en el 'Principio del Führer'; un Derecho Penal, en palabras de Hans Frank, presidido por la idea de *'la comunidad del pueblo, la lealtad, el deber, el honor y la expiación justa'.*[139] Por ello, el Derecho Penal político persigue sustituir la legalidad formal por un concepto sustantivo o material de justicia e ilícito.[140]

La Pena toma, en relación a ello, un sentido de manifestación de 'no pertenencia a la comunidad'. Si en la tradición liberal ésta no ataca la personalidad jurídica del delincuente, aunque disminuya sus facultades, en el nacionalsocialismo la Pena debe ir encaminada a reducir la personalidad jurídica del sujeto conde-

---

138   Aguilar Blanc, C;*op.cit,* pp. 203-204.

139   Cit. en Ambos, K; *op.cit*, pp 91-92.

140   *Ibíd,* pp. 79-80.

nado como tal, esto es, no sólo a limitar algunos aspectos imprescindibles para hacer efectiva la sanción. En el caso de la Pena de Muerte, no sería más que una expresión del 'suicidio' del individuo que ha optado por separarse de la comunidad, lo que equivale a separarse del Derecho, perdiendo su 'esencia' misma como ser humano.[141]

Schmitt complementó a Larenz con la Dialéctica 'Amigo-Enemigo', la, desde su punto de vista, distinción política fundamental inherente, desde luego, a todo proceso político. Este 'enemigo' constituye un instrumento para cohesionar a la comunidad y unirla aún más. Ello no implica que dicho 'enemigo' sea 'malo' desde el punto de vista de la 'moral', sino que pertenezca a la categoría opuesta a la de la comunidad que se define en oposición a él, es decir, se trata de un 'enemigo' objetivo, tenga el sujeto particular la intención de serlo anímicamente o no. Toda comunidad necesita de un enemigo contra el cual combatir, física o espiritualmente, y cuanto mayor sea este, mayor será también la cohesión que adquirirá el grupo. Esta lucha puede darse por medio de la creación de 'leyes especiales' contra dichas categorías, o incluso por vías extralegales que excluyan a dichos sujetos fuera del seno comunitario, los persigan y/o los expulsen.[142]

Schmitt fue más allá en sus concepciones al dar un apoyo explícito a la política de eliminación física de los enemigos por los nacionalsocialistas, justificando la *Noche de los Cuchillos Largos* en 1934, que implicó la purga de los líderes de las SA (*Sturmabteilung*, Secciones de Asalto), incluyendo a su líder Ernst Röhm (1887-1934), junto a otros opositores políticos de signo conservador. Lo hizo por medio de la publicación del artículo *Der Führer Schütz das Recht*(El Führer protege el Derecho), publicado en el mismo año, que supone una de las exposiciones más claras de la

---

141   *Ibíd,*

142   *Ibíd,* pp. 206-207.

naturaleza del Führerstaat.[143] El Estado Totalitario es, en Schmitt, fruto de un proceso dialéctico:[144]

> *«El tremendo giro puede ser construido como parte de un desarrollo dialéctico, el cual se desarrolla en tres etapas: desde el Estado absoluto de los siglos XVII y XVIII a través del Estado neutral del liberal siglo XIX, hasta el Estado total, el de la identidad de Estado y Sociedad.»*

La Dictadura se presenta como la verdadera Democracia, alejada del artificial parlamentarismo liberal, siendo la 'aclamación popular' una expresión directa de una Democracia más auténtica, de una democracia sustancia, no formal. ¿Es el Estado de Führer un Estado de Derecho? Schmitt no tiene ninguna duda. Lo que ha sucedido es que *'la concepción liberal individualista del Estado y de la sociedad se ha apoderado del término Estado de Derecho'*,[145] pero, en el momento en que dicha noción comprende una *'formulación técnico-jurídica de derecho positivo, con un determinado sistema jurídico-administrativo, de carácter funcional, formal y no sustancial, sin importar su contenido (idea formal del Estado de Derecho), el concepto de Estado de Derecho queda neutralizado'*[146], de manera que dentro de él pueden caber muy diferentes formulaciones, por antagónicas y contradictorias que estas puedan ser entre sí.

Las concepciones formal y material del Estado de Derecho se ven separadas, por cuanto se alcanza un Positivismo que convierte el Estado de Derecho en un Estado Legal, que puede cobijar dentro de sí cualquier formulación ideológica, política o moral.[147] En vista de esto, el 'Estado de Derecho' se contrapone a su vez al 'Estado Justo', dado que vacía su contenido y no sirve más que para que el individuo libre pueda servirse de la Administración Pública. En el Estado de Derecho Liberal, las normas jurídicas

---

143   *Ibíd.*

144   *Ibíd.*

145   Cit. en Hillers de Luque, S; *op.cit,* pp. 331.

146   *Ibíd.*

147   *Ibíd,* pp. 332-323.

están orientadas hacia la certeza del Derecho, mientras que en el Estado del Führer se orientan hacia la 'Justicia'.[148] Una Justicia, además, que es material, no formal, razón por la que el No-Derecho nacionalsocialista repelió las formalidades jurídicas básicas, huyendo conscientemente de la letra legal y consagrando una inseguridad jurídica deliberada.[149]

Si se entiende que la independencia del Juez radica en su vinculación a la Ley, y el concepto de 'ley' es diferente en función del sistema político, la sujeción del Juez a la Ley imperante en el Estado del Führer—que es diferente de la noción de 'ley' de la lógica liberal— confirma la independencia de aquél, aunque, por supuesto, partiendo de unos conceptos diametralmente opuestos a los que nutren la visión de la independencia judicial liberal.[150] El Estado de Derecho no puede, pues, ser explicado en el vacío, sino colocándole un apellido (liberal, social, comunista, fascista, conservador, nacionalsocialista, etc).[151] Por ello, cabe conceptualizar el Estado del Führer como un Estado de Derecho, empleando para definirlo los conceptos nacionalsocialistas, no los provenientes de otras concepciones políticas, ideológicas, legales o existenciales. Porque la Ley, en el nacionalsocialismo, no es lo que la tradición liberal dice que es, sino la esencia de la *Volksgemeinschaft*y en la unión que existe entre esta y su *Führer*:

> «*Nosotros tenemos más derecho que otros muchos pueblos para afirmar que nuestro Estado es un Estado de Derecho, si con ello se entiende que un Estado en el que se garantiza sin excepciones la ley y el orden.*»[152]

---

148   Cattaneo, Mario A; *Carl Schmitt y Roland Freisler: La doctrina penal del Nacional-Socialismo* en *Homenaje al dr. Marino Barbero Santos: «in memorian» / coord. por Luis Alberto Arroyo Zapatero, Ignacio Berdugo Gómez de la Torre; Marino Barbero Santos (hom.), Vol. 1, 2001, ISBN 84-8427-139-0, págs. 145-152,* p. 149.

149   García Amado, J.A; *op.cit,* pp. 351-360.

150   Hillers de Luque, S; *op.cit,* pp. 334.

151   *Ibíd,* p. 331.

152   Cattaneo, Mario A; *op.cit,* p. 147.

Con este concepto de Ley en la mano, Schmitt propugna un Derecho Penal en el que la Antijuridicidad no halle base formal, esto es, que el desvalor del hecho típico emplee como parámetro el ataque a o la violación de la norma jurídica positiva, sino un concepto material, fijado en el 'sano sentimiento del pueblo', que se convierte en fuente primordial del Derecho Penal, junto con la 'voluntad del Führer'. El juez se vincula al 'Derecho', que es sinónimo a la esencia de la 'Comunidad Popular', no a la legislación formal, por lo que la *Justicia Formal* deja paso a la *Justicia Material*, que nada tiene que ver con la lesión o puesta en peligro de bienes jurídicos recogidos y señalados en las normas legales positivas, sino que se relaciona con la abstracción inmaterial y metafísica del ideario nacionalsocialista y de la voluntad del Líder.[153] No en vano, la Disposición del Führer del 30 de mayo de 1933 unificó todos los colegios de Abogados y los Notariales, las asociaciones de jueces y las distintas corporaciones de juristas en el Frente Jurídico Alemán, de cara a eliminar cualquier heterodoxia que pudiera llegar a dañar este planteamiento.[154]

El Estado del Führer también se reflejó en otras áreas del Derecho, si bien la repulsión de la ideología nacionalsocialista hacia lo que se entendía -y se entiende a día de hoy- por Derecho desdibujó las diferencias entre cada espectro del mismo y difuminó los contornos delimitantes entre el Derecho Público y el Derecho Privado. El vacío dejado por la muerte del Principio de Legalidad fue rellenado por la voluntad absoluta de un solo hombre, Adolf Hitler (1889-1945), en sustitución de los Principios Jurídicos inherentes a la misma ciencia jurídica, así como de la dependencia de las leyes y de las instituciones.[155] Y lo más importante: se produce un rechazo visceral y absoluto a cualquier noción de pluralismo político, dignidad humana singularmente considera-

---

153   *Ibíd,* p. 150.

154   Hillers de Luque, S; *op.cit,* pp. 318.

155   Esteve Pardo, J; *La doctrina alemana del Derecho Público durante el régimen nacionalsocialista* en *Revista Española de Derecho Constitucional Año 23. Núm. 67. Enero-Abril 2003,* pp. 177-8.

da, Derechos Fundamentales y libertades. El enemigo a batir, en este espacio, era el Liberalismo político y jurídico, puesto que los principios de Primacía del Pueblo, y con él del *Reich*, eran manifiestamente incompatibles con cualquier visión que otorgara espacio al individuo para desenvolverse al margen de la comunidad y que, menos aún le dotara de garantías jurídicas cualesquiera que blindaran su esfera personal frente a la injerencia del Estado o la presión sobre él de la identidad única de la Comunidad.[156]

El Derecho Administrativo experimentó una mutación que lo hizo mucho más intervencionista en todos los aspectos en base a los principios de Unidad y Totalidad. La lógica anterior se invierte: deja de estar permitido todo lo que no está prohibido, pare permitirse ahora lo que la ley señale explícitamente. Porque, en el Derecho Administrativo Nacionalsocialista, nada es Privado y todo es Público.[157] A ello no fue ajena la Ley para la restauración del funcionariado, del 7 de abril de 1933, que implicó el despido de aquellos funcionarios que carecieran de la titulación requerida o de la preparación adecuada.[158] Se excluyó, de la misma manera, a los judíos y a quienes no podían ser del todo fiables para el nuevo Estado por motivos ideológicos. Si bien, al menos inicialmente, se excluyó a los 'funcionarios no arios' que trabajaban en la Administración antes de la Primera Guerra Mundial, a los excombatientes alemanes o de países aliados, así como a los padres o hijos de caídos.[159] Posteriormente estas restricciones serían eliminadas y quienes habían logrado sortear la purga inicial no pudieron conservar sus empleos. Juristas destacados víctimas de estas medidas fueron el constitucionalista Hans Kelsen (1881-1973), los penalistas Gustav Radbruch (1878-1949) y

---

156   *Ibíd,* pp. 175-177.

157   Rivaya, B;*op.cit,* pp. 414-415.

158   Hillers de Luque, S; *op.cit,* pp. 102.

159   Algo similar sucedió con la Ley sobre el acceso al ejercicio de la Abogacía, de 7 de abril de 1933.

Richard Honig (1890-1981) o el procesalista James Goldschmidt (1874-1940).[160]

El Derecho del Trabajo se modificó radicalmente por medio de la eliminación de uno de sus elementos caracterizadores fundamentales: los Sindicatos. En efecto, éstos fueron eliminados forzosamente el 2 de mayo de 1933 y sustituidos el 10 del mismo mes por el Frente Alemán del Trabajo, una organización de carácter corporativista que incluyó en su seno tanto a trabajadores como a patronos.[161] Se trató de romper con la relación 'de clase', típica del ordenamiento 'burgués' y del materialismo marxista, que fomentaba la 'Lucha de Clases' devoradora y ajena a los postulados *völkisch*. Si ella se basaba en el 'contrato de trabajo' como eje vertebrador a su vez de la 'relación de trabajo' empleador-empleado, ahora, contemplada la empresa como un apéndice de la comunidad dentro de la cual, sean trabajadores o empresarios, todos trabajan para dar a dicha comunidad nacional, a la que todo debe estar subordinado. La relación de trabajo deja paso así a la 'relación de lealtad'. La 'Comunidad' es una, dentro de ella no caben disensos de ninguna clase, por lo que no tiene sentido que la relación laboral pivote sobre la lógica mercantil del enriquecimiento personal (tanto de uno como de otro) y de la explotación del trabajador.[162] En coherencia con esto, se desarrolló una amplia legislación social, que contempló las vacaciones remuneradas, el ejercicio físico de los trabajadores, la seguridad social o la protección de las mujeres y de la infancia.[163][164] Para di-

---

160   Llobet Rodríguez, J; *op. cit,* pp. 71-76.

161   *Ibíd,* pp. 62-63.

162   Rivaya, B;*op.cit,* pp. 414.

163   *Ibíd.*

164   Uno de los personajes principales de la novela de Günter Grass *A paso de cangrejo,* activista del Partido en el régimen comunista de la RDA (República Democrática de Alemania) elogió la estructura de la organización *Kraft durchFreude*(KdF, 'A la Fuerza por la Alegría'), gestora del tiempo libre de los trabajadores y parte del Frente Alemán del Trabajo, como *«ejemplo del verdadero comunismo.»*Grass, G; *A paso de cangrejo,* Madrid, 2003, p. 45.

rimir disputas, se establecieron los Tribunales Sociales de Honor dentro de la jurisdicción laboral. Ello fue, en palabras de Hans Frank, la muestra de que *«el Nacional-Socialismo es el auténtico socialismo, y no como en el caso del Marxismo, que es un socialismo interesado».*[165]

El Nacionalsocialismo, duro enemigo del Derecho Privado, imprimió amplias modificaciones en el Derecho Civil y, dentro de éste, particularmente en el Derecho de Familia, con el propósito de eliminar la influencia 'privada' de las entidades jurídico-privadas en los individuos y de las familias sobre sus hijos, a favor del Estado y de la ideología oficial. Si bien es cierto que los propósitos fueron de mayor envergadura que la concreción real que efectivamente tuvo lugar, principalmente, por presentarse como una realidad inconclusa debido a la derrota militar del Tercer Reich. El objetivo irrenunciable que enfocaron todos los cambios legislativos en materia civil fue la eliminación de la vida privada, como tal. Se proyectó, por lo pronto, un nuevo Código Civil, que no llegó a entrar en vigor completamente a causa de la guerra. No obstante, sí lo hizo su Libro I, que ya dejó claro cuál era el principio fundamental alrededor de cual giraba todo el Derecho Nacionalsocialista: *«Es ley suprema el bien del pueblo alemán».*[166] La expresión 'Código Civil' debería ser sustituida por la de 'Código Popular', en la búsqueda de la eliminación del 'espíritu burgués' que animaba a la anterior legislación. Despareció, igualmente, la Parte General del Código, al entender que lastraba la producción jurídica, siendo sustituida por las Reglas Fundamentales de naturaleza ideológica específicamente dirigidas no a dotar al individuo de los elementos garantistas necesarios para la protección de su esencia privada y de la Propiedad, sino a atacar precisamente todo esto y a no permitir que ninguna esfera de la vida del sujeto quedara fuera del control del Estado.[167]

---

165   Hillers de Luque, S; *op.cit,* pp. 316.

166   Rivaya, B;*op.cit,* p. 411.

167   *Ibíd.*

En el Derecho de Familia, este planteamiento se plasmó en toda su extensión. Téngase en cuenta que la ley matrimonial de 1938 constituyó la única ley en materia civil verdaderamente relevante que produjo el Tercer Reich, aunque la relación entre padres e hijos no correspondió al Derecho Privado, sino al Derecho Público, pues fue regulada a través de la legislación relativa a las Juventudes Hitlerianas, un instrumento, como los demás, de control ideológico a través del Estado. En esta materia, se introdujo en el Código Civil la nulidad de los matrimonios contraídos para la obtención del apellido por parte de la mujer, así como prohibiciones para contraer matrimonios por razones biológicas y eugenésicas, lo que incluyó, como no podía ser de otra manera, los matrimonios mixtos (alemanes y judíos) y las relaciones extra-matrimoniales (incluyendo las sexuales), lo que tuvo su reflejo en la vertiente Penal.[168] La importancia del Derecho de Familia no la revisitó la persecución de la autonomía de los cónyuges, sino la función reproductora y de protección de la raza. Por esta razón, una institución de esta naturaleza no podía quedar al albur de la libre voluntad de las personas. Se trataba, en otras palabras, de un 'asunto de Estado', tan importante como podía ser la política antisemita o la Eugenesia. Muestra de ello es el añadido de un nuevo Título al Código Civil, con la rúbrica de 'linaje matrimonial'.

Otras medidas en este sentido estuvieron dirigidas a apartar a la mujer del trabajo por cuenta ajena para asegurar su rol como 'productora' de hijos para el Reich, las cuales incluyeron préstamos sin interés (en tanto que la esposa no padeciera enfermedades o taras fisiológicas). La preocupación para evitar el nacimiento de niños con estas taras abrió la puerta a la previsión de la esterilización voluntaria o forzosa de las personas con enfermedades transmisibles hereditariamente, aunque ello no afectó en sí misma a la institución matrimonial, por cuanto no se les impidió contraer matrimonio, pero sí lo hizo, en contraposición,

---

168   Hillers de Luque, S; *op.cit,* pp. 343.

a lo que implicaba para el desarrollo del mismo matrimonio la capacidad de procreación, que estaba supeditada a las necesidades de la comunidad y a las leyes raciales.[169] El Derecho no debía entrar en conflicto con la 'Naturaleza', por lo que se prestó atención al concepto de *Sippe*, referente a la 'tribu' del Derecho Germánico antiguo. Sin esperar regulación legal alguna, se puso en marcha por Himmler el *Lebensborn* ('Fuente de Vida'), una organización que desarrolló un programa de reproducción estatal para madres solteras racialmente aptas por el que, acogidas en hospicios, mantendrían relaciones sexuales con miembros de las SS (se entendía que, por ello, racialmente aptos también) con el propósito de tener hijos que, en el futuro, encarnarían la élite racial nacionalsocialista.[170]

El anti-cristianismo nacionalsocialista, particularmente fuerte en Himmler y en el resto de miembros de las SS, llevó a un repudio de la monogamia y, con él, a una promoción de la poligamia, en especial de la poligamia masculina. Pues ello no se anclaba en razonamientos de índole cultural o existencial en cuanto supone a los derechos de las personas, sino a la cuestión racial y demográfica, lo que cobró importancia sobremanera en el contexto bélico. El 28 de octubre de 1939, Himmler dicta, al margen de la ley, la *Zeugungsbefehl*, la Orden de Reproducción a los soldados de las *Waffen SS* para que dejen embarazadas a sus mujeres cuanto antes o, en el caso de estar solteros, 'fecunden' a cualquier mujer alemana racialmente apta que esté disponible para ello. Estos hijos crecerían bajo la tutela de las SS en los hospicios del *Lebensborn*. Las cuestiones de la ética matrimonial o de la dignidad individual no tenían cabida aquí: el deber principal de toda mujer es tener hijos, sea como sea, cuantos más mejor, por cuanto constituye su 'equivalencia' al deber militar de los hombres. El Cristianismopervirtió el iusnaturalismo germánico, provocando una evolución jurídica que impuso el matrimonio

---

169   *Ibíd*, pp.245-246.

170   Chapoupotot, J; *op.cit*, pp. 190-196.

monogámico, incompatible con la supervivencia y expansión necesaria de la raza germánica. Había negado el Cuerpo y había censurado la sexualidad libre del hombre germánico, 'castrándolo' y encerrándolo en una prisión de mojigatería moral que le impidió seguir el curso natural de su reproducción.[171] Himmler llegó a calificar el matrimonio monogámico como *«obra satánica de la Iglesia católica»*.[172] Incluso se propuso desde las propias SS en 1944 obligar a todas las mujeres alemanas hasta los treinta y cinco años, estuvieran casadas o no, con menos de cuatro hijos, a procrear con hombres alemanes que fuesen racialmente puros, de la misma manera, indiferentemente de si estaban solteros o casados.[173]

Se rechazó incluso lo unión matrimonial si alguno de los cónyuges era estéril, algo con sentido en una ideología que concebía el matrimonio, como otras tantas cosas, tan sólo como un medio para un fin: la procreación. En 1937 se aprobó una ley que flexibilizó la institución del divorcio, permitiendo la separación de las parejas que fueran infértiles.[174] Franz Wieacker (1908-1994), compañero de Karl Larenz, explicó que *«la nueva visión del mundo les confiere de nuevo a la familia y al matrimonio el carácter de un trabajo, de una función en el seno de un conjunto que los supera»*, lo que quiere decir que no se trata aquí de cuestiones religiosas o morales, sino del interés superior de la comunidad racial: *'No habrá divorcio arbitrario, pero, en beneficio de la comunidad del pueblo, ninguna institución matrimonial trascendente debe impedir la disolución de los matrimonios enfermos'*.[175]Debía procederse a la *Umwertung* o 'inversión de valores', en oposición a los valores conservadores cristianos, y rechazar la desigualdad legal

---

171   Chapoupotot, J; *op.cit,* pp. 200-208.

172   *Ibíd,* p. 209. Algunos altos líderes nacionalsocialistas, como el propio Himmler o Martin Bormann practicaron abiertamente la poligamia. En el caso de Bormann, ello era animado por su misma esposa. *Ibíd,* pp. 213-219.

173   Hillers de Luque, S; *op.cit,* pp. 344.

174   Chapoupotot, J; *op.cit,* p. 196.

175   *Ibíd,* p. 197.

entre los hijos legítimos (*ehelicheKinder*), que son los nacidos dentro del matrimonio legal, y los hijos ilegítimos (*unehelicheKinder*), nacidos fuera de éste, en favor del 'Hijo natural',[176] descendientes de padres racialmente puros, de manera que el matrimonio esté *«al servicio de la reproducción de las generaciones».*[177]

Estos 'hijos naturales' formarían parte durante su juventud de las Juventudes Hitlerianas, instauradas por la Ley del 1 de diciembre de 1936. A los dieciocho años pasarían a formar parte del NSDAP, pero mientras tanto, su tiempo libre fuera de la Escuela no sería gestionado por sus padres, por sus familias, ni siquiera por ellos mismos. La instrucción militar a nivel básico fue complementada con el fomento del trabajo manual y la educación en el ideario nacionalsocialista. Un Decreto del Ministerio de Educación, del 5 de Mayo de 1935 recogió en su artículo 2 la función principal de esta institución: *«La juventud alemana en su totalidad ha de ser educada física, intelectual y moralmente en el estudio del Nacional-Socialismo, al servicio del pueblo y de la comunidad.»*[178] El control por parte del Estado no sólo se dirigió a neutralizar la influencia del entorno familiar, sino que hubo de vérselas con la influencia de las asociaciones juveniles católicas, existentes debido al Concordato del 20 de julio de 1934 con el Vaticano, que no se dejaron arrebatar tan fácilmente el control y el adoctrinamiento sobre la juventud.[179]

En materia de Derecho Mercantil, se confeccionó una ley que reformó las Sociedades Anónimas, que —en la línea de los planteamientos anti-capitalistas del nacionalsocialismo— las convirtió en sociedades personales, redireccionando, por tanto las responsabilidades al empresario. También se promulgaron

---

176   *Ibíd,* pp. 190-191.

177   *Ibíd,* p. 191.

178   Hillers de Luque, S; *op.cit,* pp. 346.

179   *Ibíd,* p. 347.

En esta separación de los hijos de sus familias coincide con otro gran totalitarismo, el maoísmo de los Jeneres Rojos, con sus granjas de educación. Se calcula que el régimen de Pol Pot asesinó entre 1975 y 1979 a dos millones de personas.

leyes dirigidas a la protección del comercio minorista y del artesanado.[180]

Por otra parte, el Derecho Internacional se politizó fuertemente, poniéndose al servicio del imperialismo racial nacionalsocialista.[181] El jurista Heinrich Korte, discípulo de Schmitt, entendió que el Derecho Internacional no era producto de 'la humanidad', sino que era creado por los intereses que son comunes a los Estados; es decir, que la pretensión del establecimiento de un Derecho Internacional Universal es una quimera, y este estará necesariamente circunscrito a los grupos humanos avanzados. Donde en el Derecho Internacional Humanitario se imponen la Universalidad y la Paz, en el Derecho Internacional Nacionalsocialista lo hacen el Particularismo y el Imperialismo. Pero no un imperialismo 'a la antigua', semejante al colonialismo de las potencias occidentales, sino de naturaleza social-racial revolucionaria, de ruptura de las jerarquías tradicionales y de sometimiento de los pueblos no racialmente puros.[182] El *Volk* y su supervivencia es la piedra angular de todo este entramado. ¿Por qué? Porque sólo la 'Naturaleza' es legisladora, lo que significa que 'Derecho' es sólo lo que sirve al pueblo alemán, que actúa siempre en un estado de legítima defensa, combatiendo contra todo lo que, dentro de la Lucha de Razas, amenaza su derecho a la vida.[183] Resumió Korte que «*Alemania instaura una nueva legalidad natural, la del espacio vital, al permitirle a un pueblo política y biológicamente fuerte dirigir y poner en marcha las fuerzas de pequeños Estados con una colaboración creadora.*»[184]

En definitiva, puede decirse que el Derecho Nacionalsocialista se caracterizó durante toda su existencia por ser un derecho marcadamente consuetudinario, cuya legitimidad se buscó en

---

180   *Ibíd,* p. 316,

181   Rivaya, B;*op.cit,* p. 415.

182   Chapoupotot, J; *op.cit,* pp. 159-183.

183   *Ibíd,*

184   *Ibíd,* p. 179.

todo momento en la 'Comunidad Popular'. Repudió el Derecho Romano, parte de los valores ilustrados y la Tradición Liberal heredera de una interpretación de la Revolución Francesa,[185] así como los principios básicos de la ciencia jurídica hasta el momento, tales como el de Legalidad, la No Retroactividad de las leyes, la Separación de Poderes o las garantías jurídicas inherentes a los Derechos Subjetivos y a la Persona Jurídica.[186]Se pueden concretar las características esenciales de este sistema de Derecho en las siguientes:[187]

- Antiliberalismo: eliminación de los Derechos Fundamentales.

- Irracionalismo y Racismo.

- Anclaje en los valores nacionalsocialistas: Deber, Obediencia, Honor, Lealtad, entre los principales.

- Eliminación de los Derechos Subjetivos y de la Persona Jurídica.

- Renuncia al Principio de Legalidad y de la sujeción de los poderes públicos y privados a la Ley.

- Inseguridad Jurídica: falta de límites jurídicos claros.

- 'Justicia' como una noción opuesta a la legalidad formal.

- Legislación autoritaria y policial, abierta a las 'reacciones de hecho'.

Completado el análisis de este marco, es posible ahora particularizar en el Derecho Penal que, como es lógico, no reviste unas características generales muy diferentes de las que posee el

---

185   Realmente hubo 'dos' revoluciones francesas, la de 1789 y la de 1793, en relación directa con las dos almas de dicho proceso revolucionario. La primera dio lugar a un sistema liberal clásico, similar a los que se impondrían durante la primera mitad del siglo XIX en Europa, y parte de la segunda mitad; la segunda revolución, por el contrario, desembocó en la Dictadura terrorista de los Jacobinos, imbuida de una visión espartana y colectivista de la 'Comunidad' que jamás rechazaron los nacionalsocialistas. Véase Castro, D; *Robespierre. La virtud del monstruo,* Madrid, 2013.

186   Rivaya, B;*op.cit,* pp. 415-416.

187   Llobet Rodríguez, J; *op. cit,* pp. 91-101.

sistema jurídico general en el Nacionalsocialismo. Con todo, y al margen de las notas que al respecto se han señalado hasta el momento, cabe partir de unas bases que fijan las coordenadas en que se desenvolverán tanto los principios como la legislación 'positiva' en materia penal del Tercer Reich. Se está, como ya se ha visto, ante un Derecho Penal anti-garantista que protege ante todo los deberes para con la Comunidad, y no los bienes jurídicos individuales. Es, por ello, contrario a la noción misma de *Bien Jurídico* tal cual era entendida hasta el momento en el sistema legal imperante pre-nacionalsocialista. Por ello, la ciencia jurídica penal del Tercer Reich estuvo repleta de normas penales retroactivas ajenas al Principio de Legalidad Penal y abiertas a la aplicación de la Analogía, algo por otra parte favorecido por tipos penales deliberadamente vagos e imprecisos, lo que otorgó un gran margen de maniobra tanto a los ejecutores administrativos de dichas leyes como a los Jueces a la hora de valorar las controversias jurídicas que se les sometían. La lógica policial convirtió parte de esta legislación en irrelevante. Pues no debe olvidarse que, para el Nacionalsocialismo, 'Derecho' no era, como tal, lo que se plasma en un ordenamiento jurídico determinado o en unas leyes concretas, sujetas a unos principios formales y abstractos, sino que se identificaba tal concepto con el 'espíritu de la Comunidad Popular' y, por ello, con la 'Voluntad del Führer'. De esta manera, el Derecho Penal durante el nacionalsocialismo fue, más a menudo de lo que se está dispuesto a aceptar, algo basado no en las leyes que se aprobaban sino en las actuaciones los grupos protagonistas de la dinámica política del Tercer Reich. Los hechos, pues, serán aquí tan o más importantes que la mera ley positiva.[188]

---

188   *Ibíd.*

2. Características esenciales del Derecho Penal nacionalsocialista

El Führer, Adolf Hitler, máxima fuente del Derecho Penal Nacionalsocialista, dejó dicho:[189]

> *«Los autores de actos contra las costumbres son habitualmente reincidentes y coronan por lo general su carrera con un crimen crapuloso. ¿Por qué no eliminamos enseguida a esos individuos? Cuando miro de frente la cuestión de la responsabilidad, no considero como circunstancia atenuante el hecho de que un ser sea anormal, es una circunstancia agravante. ¿Qué mal ven ustedes en que un ser anormal sea castigado tanto como un ser normal? La sociedad debe ser preservada de tales elementos. Los animales que viven en estado de sociedad tienen sus 'fuera de la ley'. Los arrojan del grupo».*

La visión de la Pena de Hitler no quedó ahí:

> *«Cuando me hablan de un traidor no me interesa saber de qué modo traicionó, ni si su traición le salió bien, ni cuánto llegó a cobrar. Para mí no hay más que una pregunta: ¿Ha actuado a favor o en contra de Alemania?».[190] Porque: «Siempre hay uno de esos juristas para hacer juegos de manos con los hechos hasta que encuentra una circunstancia atenuante. Una crápula será siempre una crápula. Reservo la misericordia para mis buenos compatriotas. Tengo el deber de protegerlos contra el hampa.»[191]*

En estas declaraciones del líder supremo de la Alemania Nacionalsocialista se pueden percibir las notas básicas del Derecho Penal que en el seno de dicho régimen se produjo. Por un lado, la visión exclusivamente retribucioncita de la Pena, sin concesión general a la Resocialización del delincuente. Por otro, la infracción del Deber para con la comunidad como el 'bien jurídico' fundamental y cuasi-exclusivo dañado o puesto en peligro por este delincuente. Y, finalmente, la huida de toda garantía jurídica y de todo sometimiento a la ley, que ceden ante la necesidad

---

189   Rivaya, B;*op.cit,* p. 413.

190   *Ibíd.*

191   *Ibíd.*

de protección y supervivencia de esta comunidad. Roland Fre-
siler (1893-1945), secretario de Estado primero y presidente del
Tribunal Popular[192] después, afirmó que el Derecho Penal, en
el Nacionalsocialismo, no tutela al individuo, sino al *Volk*, a la
'Comunidad Popular'. El Derecho Liberal se preocupaba por la
protección de los intereses materiales de los ciudadanos, pero
su protección no era tan completa como podía serlo en el nuevo
Derecho, que no la enfoca desde la perspectiva individualista
sino desde la perspectiva colectivista. Protegiendo a la 'Comunidad' es como se protege a los ciudadanos, puesto que son uno
con e inseparable de ella. Ello lleva a una sustitución de la Antijuridicidad Formal por una Antijuridicidad Material, esto es,
no a una compatibilidad entre ambas, sino a la anulación de la
primera por la segunda. El Derecho Penal ya no es un derecho
'del' delincuente, sino 'contra' el delincuente, 'contra' aquél que
se ha separado por propia voluntad de la Comunidad y que, por
tanto, ha perdido su esencia personal, que es comunitaria, debiendo ahora la Comunidad actuar contundentemente para pro-
tegerse del 'enemigo' y neutralizarle cuanto antes.[193] Se trata de
una 'etización' del Derecho Penal: un Derecho natural-popular y
anti-positivista, anti-liberal y anti-individualista, y, especialmente, anti-burgués.[194]

---

192   Fue el responsable del castigo feroz y de las ejecuciones que se llevaron
a cabo a resultas del Atentado contra Hitler el 20 de Julio de 1944, así como de
los hechos relativos a la *Rosa Blanca* (Weisse Rose), que implicó que los estu-
diantes universitarios Hans y Sophie Scholl, Alexander Schmorell, Willi Graf
y Christoph Probst, junto con el profesor Kurt Hubert, fueran ejecutados en
febrero de 1943 a causa de haber editado y distribuido unos folletos en los que
llamaban a la rebelión contra Hitler y el Nacionalsocialismo. Véase Lacosta, X;
«Alemanes contra Hitler»en *Historia 16. Año XXIX. Nº 358. Febrero de 2006*,
pp. 30-55.
193   Cattaneo, Mario A; *op.cit,* pp. 149-150.
194   Ambos, K; *op,cit,* pp. 85-90, 99-107.

El Derecho Penal de la Voluntad, según Freisler, en el que los fines de la Penal se hallan en la 'expiación'. De ahí los cambios en la Teoría del Delito[195]:

1. Eliminación de la distinción entre Tentativa y Consumación, así como entre Autor y Partícipe. De manera que la participación en la comisión del acto delictivo no es accesoria de la autoría. Es decir, un concepto expansivo de la figura del Autor.

2. Parte Especial del Derecho Penal caracterizada por un adelantamiento de la barrera de punibilidad, en un sentido subjetivizante.

Este Derecho Penal no se fija en los elementos formales de la legislación o, en todo caso, si los contempla, lo hace tan sólo en la medida en que permite dar satisfacción al 'sano sentimiento del pueblo', fuente imprescindible de aquél. La Certeza del Derecho Penal no estriba en que la ley defina correctamente los tipos subjetivos y los tipos objetivos de los delitos, no atiende a que se describan claramente las conductas tipificadas, estableciendo una delimitación clara entre lo que entra dentro de la esfera del Derecho Penal y lo que queda fuera de él, sino a la protección del 'Pueblo'. Si el Derecho Penal 'protege', como es su misión, a la Comunidad Popular, de sus enemigos, entonces es un Derecho 'Certero'.[196] Esto es así porque una de las operaciones profilácticas que el pensamiento jurídico-penal nacionalsocialista llevó a término fue la extirpación quirúrgica del 'Individualismo'. Con ello venía a referirse a todas las garantías jurídicas que el pensamiento ilustrado había ido añadiendo poco a poco al mundo jurídico, y que habían pasado a formar parte inextricable de él. Friedrich Schaffstein (1905-2001) y Georg Dahm (1904-1963) explicaron la cuestión en su ¿Derecho penal liberal o autoritario? al dejar claro que el Derecho Penal era un *«medio para el mantenimiento y la conservación del poder coercitivo del Estado... El*

---

195   *Ibíd,* pp. 90-97.
196   Cattaneo, Mario A; *op.cit,* pp. 150-151.

Estado utiliza la pena, para hacer visible su poder ante los ojos del mundo. En la pena se manifiesta simbólicamente la dignidad del Estado, la pena de muerte muestra con total claridad que procede entregar el individuo al Estado.»[197]

Sigue Schaffstein: *«Para nosotros el sentido de la pena y del Derecho penal ya no es la protección de esferas de bienes individuales, sino depuración y a la vez protección de la comunidad del pueblo mediante la separación de los degenerados.»*[198]El Bien Jurídico, despojado de su carácter individualista, muta así en un mero concepto metodológico, dúctil y flexible, opuesto a la noción esencialista liberal. Por eso, por ejemplo, la mayor intervención del Derecho Penal no se tiene que dar en función de que sea producto una afectación mayor a un bien jurídico, sino de la lesión del 'deber especial' para con la Comunidad. Este es el verdadero hecho punible, para lo cual es menos relevante la realización efectiva de los elementos típicos del injusto como la mera 'infracción del deber'.[199] Esta 'infracción del deber' suponía la presunción de que el hasta ese momento el miembro de la Comunidad había degenerado, pero a la vez, una presunción no basada en indicios que puedan proporcionar una convicción provisionalísima de que se han llevado a cabo los elementos del tipo la convierte, realmente, en una certeza *de facto*, lo que es perseguido dentro del sistema jurídico-penal nacionalsocialista. Que, como se constata, otorga preminencia no a la afectación —de cualquier forma— de un bien jurídico determinado —certero— legalmente, sino a la peligrosidad del autor. Es, pues, un Derecho Penal de Autor, no un Derecho Penal del Hecho.[200]La descripción formal de la conducta típica sólo sirve como correa de transmisión para la identificación de la peligrosidad del sujeto, con lo cual su re-

---

197   Cit. en Hoyer, A; *Ciencia del Derecho penal y nacionalsocialismo* en *Revista Penal, n. º 23. –Enero 2009*, p. 42.

198   *Ibíd.*

199   *Ibíd*, pp. 42-43.

200   Vormbaum, T; *El Derecho penal nacionalsocialista* en *Revista Penal México. núm. 10, marzo-agosto de 2016*, pp. 241 y ss.

levancia es más bien escasa. Como consecuencia, la barrera de la punibilidad se retrotrae más allá del hecho punible en sí para alcanzar a la Tentativa y a los actos preparatorios, sin una distinción clara entre estos y aquél, fruto de unos tipos penales vagos y, por ello, abiertos.[201]

La fórmula *nullum crimen sin lege* cambió a *nullum crimen sine pena*. Su materialización se logró emancipando la Pena de la ley positiva, esto es, no siendo requisito para que la primera tuviera lugar -es decir, se impusiera a un sujeto- la existencia de un tipo penal recogido en una ley que la previera si el sujeto en cuestión desarrollaba un comportamiento que cupiera en él. El rechazo al análisis sistemático del Delito en favor de una concepción general y a la vez generalista del Derecho Penal generó múltiples lagunas de punibilidad, que fueron suplidas por la apuesta decidida por la Analogía y por el 'sano sentimiento del pueblo' como brújula única a emplear por parte del Juez para condenar a alguien.[202] Tanto más cuando las bases de la interpretación jurídica se hallan no en la Doctrina, ni en la Jurisprudencia, ni desde luego en la Ley, sino en la concepción del mundo nacionalsocialista, materializada en el Programa del NSDAP y en las manifestaciones del Führer.[203][204] La arbitrariedad estaba servida desde el momento en que bastaba una comunicación o un asentimiento verbal de Hitler para que una ley o medida fuese implementada.

---

201   *Ibíd.*

202   *Ibíd.*

203   Llobet Rodríguez, J; *op. cit,* pp. 101-110.

204   Un ejemplo de cómo funcionaba esto puede hallarse en la mecánica que puso en marcha el Holocausto, al margen de cualquier tipo de regulación legal. Hitler había fijado las directrices de la naturaleza genocida que debía tener la guerra contra la Unión Soviética en marzo de 1941, como también lo había hecho en su discurso en el Reichstag el 30 de enero de 1939 al declarar que una nueva guerra mundial traería *«la aniquilación de la raza judía en Europa»*, y no necesitó preocuparse de nada más. Los hombres de las SS, con Heinrich Himmler y Reinhard Heydrich a la cabeza, se encargarían de ejecutar lo planteado. Tan sólo debía dar su autorización para las cuestiones importantes, y la maquinaria echaría a rodar por sí misma. Véase Kershaw, I; *op. cit,* pp. 617-618 y 863-864.

Ésta fue la auténtica Constitución del Tercer Reich, en la que se basó verdaderamente el Derecho Penal: *«Hitler ordena, nosotros obedecemos.»*[205]

El Principio de Legalidad, pues, fue otra de las grandes víctimas de la nueva visión del Derecho Penal. El concepto formal de Delito debía ser superado, pues el Juez no debía estar limitado por la definición que en la ley se pudiera hacer de un delito particular, sino que debía tener la capacidad de ampliar su campo de acción basándose en lo que *'resulta de la naturaleza de las cosas'*.[206] La Concepción Material del Delito radicaba en el rechazo del Positivismo Jurídico de la Doctrina Penal Nacionalsocialista, que hundía sus raíces en la Escuela Histórica del Derecho de Friedrich Karl von Savigny (1779-1861), para la cual el Derecho era algo que evolucionaba junto con la Historia del 'Pueblo' y que por lo tanto debe obedecer a su espíritu, relacionado a su vez con su pasado histórico. Rechazaba, en consecuencia, el Positivismo Jurídico y el Racionalismo Legal, lo que a su vez influyó en la Escuela del Derecho Libre, para la que el Derecho Positivo era insuficiente cuando de resolver casos se trataba, debiéndose acudir al 'sentido' que sobre la Justicia imperara en la Comunidad.[207]

La separación artificial en los elementos de la construcción abstracta del Delito (antijuridicidad, tipicidad, injusto, culpabilidad, etc.) impedía constatar la verdad esencial de las cosas. Esto se puso de manifiesto en la propuesta de Edmund Mezger (1883-1962) para las reformas del Código Penal en 1934 y 1936

205　Llobet Rodríguez, J; *ibíd.* Así funcionaba realmente el método de gobierno de Hitler: apartado de la maquinaria de Gobierno, fijaba la visión general y eran sus subordinados los que debían llevarla a cabo por sus propios medios. Por eso, principalmente, aunque entre otras cosas, no pudo nunca crearse un sistema legal coherente, como tampoco el diseño de las penas y los criterios para su aplicación fueron claros, puesto que la forma de gobernar de Hitler se expandió como un virus por toda Alemania, haciendo germinar la arbitrariedad caprichosa donde antes había primado el orden racional escrupuloso.

206　Hoyer, A; *op. cit,* p. 44.

207　Llobet Rodríguez, J; *op. cit,* pp. 114-115.

de la eliminación de las diferentes clases existentes de autoría y participación, para en su lugar edificar un criterio único y unificado, con una visión del autor más amplia.[208] Mezger poseía unos planteamientos claros sobre la dirección que debía proseguir el Derecho Penal Nacionalsocialista. Éste debía estar basado en «*la idea de la conformación racial del pueblo como un todo*»y perseguir «*el exterminio de los parásitos y elementos nocivos al pueblo y a la raza*», algo a lo que aplicó como componente de la Comisión de Reforma del Derecho Penal, para la que fue nombrado a los pocos meses de la toma del Poder por los nacionalsocialistas.[209]

La subjetivización de los elementos del injusto significó conceptualizar este, como se ha argumentado, no como la afectación a bienes jurídicos, sino como la 'no llevanza' de una conducta exigible para con la Comunidad, lo que a su vez se confundió con la orientación de la voluntad en contra de los valores de esta Comunidad. Por eso se sancionan los actos preparatorios y la Tentativa, independientemente de si esta es acabada o inacabada, y de si se ha consumado el Delito siguiendo el *itercriminis*, puesto que en el momento del comienzo de la ejecución de los hechos está actuando el autor como «*enemigo del pueblo y su orden vital*».[210] Es el *animus laedendi* el que reviste de importancia a la conducta, pero este no se constatará por vía de los medios probatorios de la cultura legal liberal, sino que será el 'sano sentimiento del pueblo' el que guiará al Juez en su búsqueda. Aunque este se presuponga según la 'categoría' a la que pertenezca el autor. La imposición de la Pena no reviste estos problemas en el nacionalsocialismo, porque esta no se basa en la conclusión de un proceso contradictorio, de la obtención de unos medios probatorios idóneos y de la práctica de una Prueba que quiebre el

---

208   Hoyer, A; *op. cit*, p. 44.

209   Muñoz Conde, F; «El derecho penal fascista y nacionalsocialista y la persecución de un penalista judío: el caso de MarcelloFinzi»en *Contornos y pliegues del derecho: homenaje a Roberto Bergalli / coord. por Iñaki Rivera Beiras, 2006, pp. 331-338. Nueva doctrina penal, n°. 1, 2005, pp. 1001-1006,* pp.4-5.

210   Hoyer, A; *op. cit*, p. 44.

in dubio pro reo, sino en la unidad existente entre *Volk* y Estado. El individuo, el autor, es parte de esta unidad, y con sus actos, o incluso con su condición, la quiebra, con lo que se separa de la Comunidad y se convierte en un enemigo a batir. La Pena 'justa' es la pena que se impone al traidor contra la Comunidad, en una respuesta del Estado que persigue reforzar la 'lucha' del pueblo por su supervivencia. Quien atenta, como apunta Freisler, contra la Comunidad Popular debe ser destruido.[211] ¿Y quién determina qué es lo Justo? Los líderes, en particular el Führer, que está en comunión permanente con la 'conciencia moral' del Pueblo. A tutelar este bien 'jurídico' absoluto se emplea el Derecho Penal.[212]

El Derecho Penal del Nacionalsocialismo constituye una manifestación del Fenómeno Comunitarista, que asume que es la Comunidad el único espacio en que puede dotarse de sentido el individuo, subsumido a los valores comunes imperantes, más lejos de las diferentes individualidades que compongan el cuerpo social. El elemento más destacable de esta visión, común, por lo demás, al Derecho Penal Nacionalsocialista, es el énfasis preventista. La existencia del Delito se percibe como un escollo para el desarrollo armónico de la Comunidad, y esta debe actuar sobre el sujeto infractor, 'sacándolo' de ella o resocializándolo en todo caso, persiguiendo una visión moralista del Derecho Penal. Se trata de que el delincuente asuma, a través del tratamiento penal, unos valores determinados, los valores de la Comunidad, para que adopte una particular posición compartida con el resto de la sociedad sobre lo que es 'bueno' y lo que es 'malo'. De ahí la apuesta por la Prevención General Positiva, que confirma la identidad social, la identidad colectiva, por vía de la imposición de la Penas.[213] Por eso no es extraño que el Nacionalsocialismo pretendiera la unión entre el Orden Moral y el Orden Jurídico.

211   Cattaneo, Mario A; *op.cit,* p.p. 151-152.

212   *Ibíd.*

213   Gómez Land, J; *La filosofía del Derecho penal como marco para la conexión entre la filosofía política y las disciplinas penales* en *InDret. Revista para el análisis del Derecho. Barcelona, Julio de 2018,* pp. 12-5.

Los valores comunes eran traicionados desde el mismo momento en que se formulaba la conducta, el plan, en la cabeza del autor, dependiendo su consecución del azar, lo que quedó reflejado en el Proyecto de Código Penal de 1934 al recoger la eliminación de la distinción existente entre el Delito Consumado y el Delito Intentado, por medio de la fórmula del 'emprendimiento' que implicaba una afectación inmediata al bien jurídico.[214]

Se abrió la puerta a la agravación del injusto en los tipos penales por medio de la introducción de elementos referentes de modo particular al 'ánimo' del sujeto que se vincula con el ataque a la Comunidad. El Dolo fue sobrepasado por una unión entre el 'ánimo' y la 'lesión del deber' para con la Comunidad. De esta manera, el presunto delincuente queda separado de esta 'Comunidad' desde el mismo momento en que se formula en su cerebro el ánimo de realizar la conducta, independientemente de que esta llegue a ejecutarse, o de que llegue a ejecutarse perfectamente. Schaffstein enmarcó el propósito de este Derecho Penal en la *«depuración y a la vez protección de la comunidad del pueblo mediante la separación de los degenerados»*, que estaba *«al servicio de un orden de valores morales y generalmente vinculantes, corresponde precisamente, una tenaz protección de estos valores espirituales y morales»*, por lo que había que *«reconocer a la expresión de un ánimo degenerado significación inmediata en lo injusto.»*[215]

El ligamen entre Derecho Penal y Moral Comunitaria proporcionó otra vía de escape de la legislación positiva, por cuanto rompió con la distinción ente Deberes Morales y Deberes Jurídicos, vinculándose la Pena a la transgresión no de unos deberes legales previstos en una norma jurídica, sino en el 'ataque' contra el 'deber moral', configurándose de este modo un Derecho Penal de la Voluntad.[216] Lo decisivo en el Delito es el quebranto

---

214   Hoyer, A; *op. cit,* p. 45.

215   *Ibíd.*

216   Llobet Rodríguez, J; *op. cit,* p. 216.

del 'orden moral', y prestándose sólo de manera secundaria atención al resultado de la conducta ejecutada. El Tipo Objetivo del Delito pierde relevancia frente al Tipo Subjetivo, y este, a su vez, se expande de manera general y pierde su particularidad, esto es, existe un Tipo Subjetivo común a todos los delitos, que es el ataque a los principios morales, existenciales y fundamentales de la Comunidad, que sólo de manera instrumental se concreta en las particularidades del Tipo Subjetivo particular de cada delito, y sólo de manera residual atiende al Tipo Objetivo. El Derecho Penal de la Voluntad es un Derecho Penal Ético.[217] El Delito es, en fin, un incumplimiento del deber para con la Comunidad, ocasionando su comisión una pérdida o disminución del 'Honor' del sujeto, lo que tiene como consecuencia que, a partir de entonces, ya no pertenezca más a dicha Comunidad.[218]

Hans Welzel (1904-1977) caracterizó a los 'Parásitos del Pueblo' (*Volkschädlinge*) como aquellos quealbergaban *«un ánimo que lleva el germen de destrucción de la férrea unidad del pueblo»*, es decir, exclusivamente en base a las características subjetivas del sujeto.[219] A propósito de la reforma del Código Penal, expuso:[220]

> *«A pesar de que el StGB* [Código Penal Alemán] *se ha mantenido inalterado en su gran parte, las modificaciones legales del Tercer Reich lo han llevado en un nuevo nivel. Entre ellas se cuentan: a) la eliminación de limitaciones liberales, especialmente de la estricta vinculación del juez a la ley, la reordenación y revaloración de los delitos de traición y el aumento de la penalidad en numerosos delitos; b) la complementación de las penas con medidas de seguridad y reeducación; c) el cambio del acento en el concepto de delito, pasando desde el resultado al lado de la voluntad y la conciencia, la derogación de la atenuación obligatoria en la tentativa y la complicidad (una exigencia del'derecho penal de la*

---

217   *Ibíd,* p. 217.

218   *Ibíd,* p. 226.

219   Matus Acuna, J.P; «Nacionalsocialismo y derecho penal. Apuntes sobre el caso de H. Welzel. Un homenaje tardío a Joachim Vogel»en *El derecho penal de la posguerra* / Juan Carlos Ferré Olivé (dir.), 2016, ISBN 978-84-9086-751-8, págs. 255-268, p. 626.

220   *Ibíd,* pp. 626-627.

voluntad'), la introducción de 'momentos de la conciencia' en la construcción de delitos, como en el caso del § 211 StGB. Así, la valoración del autor se considera en primer plano frente a la del hecho externo (lo que se denomina muchas veces como derecho penal de autor).»

El Derecho Penal de Autor nacionalsocialista supuso una crítica de la separación entre Tipicidad y Antijuridicidad (desarrollada por Georg Dahm) por un lado, y a la existente entre esta última y la Culpabilidad (desarrollada por Friedrich Schaffstein); todo ello dentro de la tendencia al combate contra la 'fragmentación' y la abstracción de la visión liberal que impedía captar la esencia de las cosas. Manifestó Dahm:[221]

> *«Así como el derecho es orden concreto, el delito es desorden completo. Tampoco el injusto se deja separar en valor y realidad, en antijuridicidad y tipo. Así, el hecho de dar muerte no puede ser visto en sí mismo y luego provisto del sello 'asesinato'. Es de antemano asesinato cuando destruye la comunidad. Quien piensa desde la comunidad para nada visualiza el hecho de matar, sino el asesinato y el hecho del soldado como dos cosas totalmente diferentes, por lo que carece por completo de sentido desarrollar conceptos como el de tipo, que los confunde. Pensar el tipo del hecho de dar muerte no tiene ningún valor. Esa vez es abstracta, de papel y por completo carente de vida, en tanto 'asesinato' significa ya en el lenguaje una imagen vital».*

> Pues *«[d]e allí proviene la limitación en la construcción de conceptos jurídicos. El concepto jurídico no está allí para poner orden al caos. No se encuentra en ningún desorden, sino con pueblo y raza, un orden histórico y vital, un interno y completo conjunto de sentido, que no admite que conforme a lógica abstracta se lo reparta en caracteres y elementos. No es cuestión de crear este orden, sino de comprenderlo y continuar configurándolo mediante la concientización de la vida interior, que ya está viva en el miembro pensante de la comunidad. En absoluto se trata de un problema de construcción de conceptos, sino de recreación concepción, de reflexión conceptual»*[222]

Con estos mimbres se construyó la Teoría de los Tipos Normativos de Autor, defendida por Dahm, según la cual no basta con que la conducta esté prevista legalmente como delictiva, sino

---

221   Llobet Rodríguez, J; *op. cit*, p. 218-219.

222   *Ibíd.*

que, además, el sujeto debe encajar con las características del autor para ese tipo de delitos, de manera que se excluye la punición de aquellas personas que actúen conforme a la 'conciencia nacionalsocialista'.[223] El Tipo Normativo de Autor se enfocó hacia la estructura del tipo penal, del hecho y de la culpabilidad, que complementaba, en la distinción hecha por Dahm, al Tipo Criminológico, pendiente de la fijación de la Pena y de su ejecución.[224] Este enfoque ya había sido trazado por Erick Wolf antes del advenimiento del nacionalsocialismo. Para él, *«el delincuente, el autor, no es alguien que carezca de actitud interna jurídica, sino uno cuya actitud acusa signos de decadencia, subitánea o permanente, parcial o total. El autor de un delito 'reniega' de su actitud interna jurídica, se aparta, por decirlo así, 'de sí mismo', resbala, cae y sigue bajando hasta llegar a la decadencia, hasta que ya 'no está más en el Derecho'. Luego autor, con arreglo a su esencia, es un miembro personal de la comunidad de Derecho con una decaída actitud interna jurídica.»*[225]

Así:[226]*«Una teoría normativa de autor que desarrolla la esencia de éste como manera de ser del hombre en el Derecho, sin caer en el psicologismo ni el sociologismo, aunque tampoco disipándose en el mero logicismo, no sólo corresponde al estado actual del conocimiento filosófico y a los requerimientos de la moderna Política Criminal. Constituye, siquiera como modesto aporte, una declaración a favor de la base vital de nuestra generación, a la que ha llegado el tiempo de hacer fecundo su acervo de convicciones morales e intelectuales en el campo del Derecho Penal».* La esencia, pues, del autor, se pone en directa conexión con el 'tipo' de autor que requiere un delito, siendo impunes, en el nacionalsocialismo, aquellos que, aun realizando acciones que puedan casar con lo que se describe en el Tipo Objetivo, nunca cometerán ese 'delito'

---

223   *Ibíd.* p. 222.

224   *Ibíd.* p. 224.

225   *Ibíd.* pp. 219-220.

226   *Ibíd.* pp. 220-221.

porque en su actuación no hay injusto, no hay acción antijurídica que atente contra ningún bien jurídico puesto que no hay 'ánimo' de lesionar a la Comunidad y, en base a este Tipo Subjetivo total, tampoco se trata de sujetos que quepan dentro de la tipología de autor que requieren estos delitos. Como aclara Schaffstein, no es voluntad criminal como tal lo que convierte en antijurídico un hecho, sino *'su realización en un determinado acontecer* externo', de manera que se castiga la 'personalidad deficitaria' del autor.[227]La 'conciencia nacionalsocialista' determina las fronteras entre el miembro de la Comunidad y el delincuente. Algo, de nuevo, característico de los planteamientos comunitaristas dados a la creación de bienes jurídicos colectivos en detrimento de los individuales.[228]

De ahí, pues, que pueda considerarse a este derecho penal como un Derecho Penal *del ánimo o del deber* en el que, si bien no se elimina del todo el concepto de 'Bien Jurídico', se nutre o se define con un contenido estrictamente nacionalsocialista.[229] Así, la tipicidad, la antijuridicidad y la culpabilidad se funden en una figura delitiva que se determina de forma muy vaga, de conformidad con las 'esencias de la Comunidad'. Esta indeterminación de los hechos neutraliza la precisión delimitadora del tipo penal. En la visión de Dahm, exista una unión entre esta 'intuición de las esencias' y el 'Derecho Penal de la Voluntad', de manera que lo que se valora es el papel y la posición del autor en la comunidad. En otras palabras, de su adecuación al *ordenamiento moral del Pueblo.*[230]

La proliferación de Delitos de peligro Abstracto es un síntoma de dicha vertiente, que en el Derecho Penal Nacionalsocialista se convierte en una praxis habitual y común. Como destaca Manuel Cancio Meliá, *'el comunitarismo está en la raíz de la*

---

227   Ambos, K; op.cit, 195-198.

228   Gómez Land, J; *op. cit,* pp. 22-24.

229   Ambos, K; op.cit, pp.185-186.

230   *Ibíd,* pp. 188-194.

creación de los delitos de omisión y, en particular, de los delitos de
omisión pura, a los que subyacen deberes generales de solidaridad
o de colaboración con los poderes públicos',[231] lo que significa la
puesta del foco en la mistificación abstracta —paradójicamente,
habida cuenta de que la crítica del nacionalsocialismo al liberalismo incide precisamente en esto, en un abuso de la abstracción
inconcreta— más que en la lesión de bienes jurídicos concretos.
La existencia de un 'cuerpo', orgánico o no, pero por lo general,
que pre-existe al individuo y que, por tanto, es superior a él, es
lo que nutre la disolución de la noción de 'Bien Jurídico' mismo, como algo más o menos concreto y evaluable por el sujeto
que actúa en el seno de la sociedad. Esto lleva aparejado una
consecuencia inmediata, la ampliación del rango de punibilidad
al mismo momento en que se pone en riesgo a la 'Comunidad',
concepto intercambiable por el más habitual en el uso lego de
'Sociedad'. Y si 'poner en riesgo' equivale a una lesión efectiva,
porque el mismo 'ánimo' ya convierte al presunto autor en una
entidad 'separada' de la Comunidad Total y, por ello, en delincuente, la existencia de tipos penales deja de tener sentido. Si de
algo sirven es para 'zafar' de culpabilidad a aquellos miembros
de la comunidad que se conducen de acuerdo a su esencia, por
medio de la delimitación —esta vez sí— de qué autores pueden cometer un determinado delito y sobre qué grupos pueden
recaer las conductas, sean estas antijurídicas o no. La abstracción del 'sano sentimiento del pueblo' o del 'trabajo en aras del
Führer' hace el resto, generando a su vez una visión totalizadora
que permite muy bien el desarrollo de ese Tipo Subjetivo Global,
definido como la antinomia de lo anterior. Todo el que se separe
de la *Volksgemeinschaft* es un delincuente no por los actos que
efectivamente realice, sino por sus intenciones, por su ánimo de
afectar negativamente a la misma y/o de separarse de ella, lo que
efectivamente sucede desde que aparece dicha formulación en el
cerebro, consumándose el Delito en ese preciso instante, porque

---

231   Gómez Land, J; *op. cit,* p. 25.

es cuando se 'autoexcluye' del grupo. La lesividad se dispara al diseñarse bienes jurídicos supra-individuales, que no requieren de actuaciones muy concretas para ser afectados negativamente.[232]

El Derecho Penal Nacionalsocialista es un Derecho Penal de Autor, cierto. Pero igualmente es un Derecho Penal del Pensamiento, desde el mismo momento en que la barrera a franquear entre la culpabilidad y la inocencia de un acusado estriba en el 'ánimo', en el espíritu', en la 'intención'. El 'sano sentimiento del pueblo', la 'conciencia nacionalsocialista' y, claro está, no pertenecer a ninguno de los grupos excluidos *per se* de la *Volksgemeinschaft*es lo que distingue a un delincuente de alguien que no lo es. Aquellos que cometieran actos descritos en el Tipo Objetivo de un Delito plasmado en una ley positiva, pero que lo hicieran guiados por ese 'santo sentimiento' popular, por su 'conciencia' nacionalsocialista, o cuyas acciones recayeran sobre grupos indeseables, como por ejemplo los judíos y los gitanos (cuya mera existencia es ya antijurídica y culpable) no estarían realizando ningún comportamiento humano antijurídico ni culpable. En cambio, el que realizando estos mismos comportamientos humanos no obraría preso de esa visión comunitaria esencialista sí estaría actuando de manera antijurídica y sería, por lo tanto, culpable. En este sentido, el Estado Nacionalsocialista reforzó los comportamientos valorados como criminales de quienes actuaron en pos de la materialización de la 'ideocracia' nacionalsocialista. No sólo no castigó, sino que sancionó (a veces legalmente) sus actuaciones y premió a los perpetradores de actos criminales contra opositores políticos o minorías étnicas indeseables.[233]

Se pueden, en definitiva, establecer los siguientes rasgos fundamentales del Derecho Penal Nacionalsocialista:[234]

1. 'Bien Jurídico' absoluto: el 'sano sentimiento del pueblo'.

---

232   *Ibíd,* p. 27.

233   Vormbaum, T; *op. cit,* pp. 245-246.

234   Llobet Rodríguez, J; *op. cit,* p. 156-160.

2. Quebranto del deber para con la Comunidad como injusto principal y cuasi-exclusivo.

3. Negación del Principio de Legalidad.

4. Autorización de la Analogía.

5. Vaguedad de los tipos penales.

6. Retroactividad de la legislación penal.

7. Eliminación de la Antijuridicidad Formal.

8. Justicia Material y Concepto Material del Delito: el hecho no es delictivo cuando se realiza de acuerdo con el 'sano sentimiento del pueblo'.

9. Criminalización del Pensamiento y del 'ánimo'.

10. Tipo Subjetivo general en detrimento del Tipo Objetivo particular.

Cabe preguntarse llegados a este punto, ¿fue el Derecho Penal Nacionalsocialista un ejemplo práctico del Derecho Penal del Enemigo? El 'Derecho Penal den Enemigo es, ante todo, un término popularizado por el penalista alemán Günther Jakobs que, lejos de hacer referencia a una 'magnitud' creada por él, trata de proporcionar un término adecuado para un fenómeno que se ha dado a lo largo de toda la Historia de las sociedades complejas política y legalmente organizadas y que, también, se sigue dando a día de hoy.[235] Este fenómeno, dentro del Estado de Derecho, se caracteriza esencialmente por ser un Derecho Penal que sanciona al sujeto que comete un delito -que realiza los elementos del tipo- no sólo en base a ello sino, además, en función de la peligrosidad del mismo. Esto es, no se trata de un Derecho que sancione 'al margen' del ordenamiento jurídico vigente, sino que incluye, valora, ese plus de peligrosidad que para el conjunto de la sociedad tiene este delincuente. Se piensa, principalmente, en el Terrorista, cuyos objetivos y actividades se dirigen al colapso y la destrucción de una formulación política determinada por

---

235   PolainoOrts, M; *Derecho penal del enemigo: fundamentos, potencial de sentido y límites de vigencia,* Barcelona, 2009, pp. 539-540.

medio de la eliminación física de algunos componentes (significativos o no) de la sociedad en la que actúa, generando un clima de terror, impotencia y sometimiento.[236]

Se trata, y no debe olvidarse este elemento matriz, de una reacción que acometen los Estados de Derecho democráticos contemporáneos contra determinados fenómenos que, por su repercusión para toda la sociedad y por su capacidad -manifiesta o potencial- para quebrar el orden jurídico-legal basado en la garantía de los derechos y, por lo tanto, por la peligrosidad de los sujetos que provocan estos fenómenos, se adelantan las barreras de punición hacia la sanción de los actos preparatorios necesarios para la comisión de este tipo de delitos, que implican, en determinados casos, la consumación anticipada o una cierta desnaturalización de la Tentativa.[237] Dentro del *fenómeno*, que no de la *teoría* del Derecho Penal del Enemigo se encuentran los Delitos de Peligro Abstracto (que no siempre son una manifestación del Derecho Penal del Enemigo, pero que pueden serlo en función de qué conductas se tipifiquen), hoy ampliamente regulados en los Códigos Penales de las democracias, sin que ello suponga un menoscabo a la naturaleza de su Estado de Derecho.[238]

Jakobs realiza un análisis de una realidad *ya existente* en los Estados de Derecho, pero que experimentó un aumento notable tras los Atentados del 11-M en los Estados Unidos de América y el inicio de la Guerra contra el Terrorismo por parte de los Estados más profundamente afectados por él, entre ellos, España. Explica Jakobs:[239]

---

236   *Ibíd,* pp. 537-539.

237   *Ibíd.*

238   Cuestión diferente sería si, amparados por este 'noble' propósito, se desarrollaran categorías penales para menoscabar los derechos de determinados grupos de personas por una peligrosidad inherente a su propio ser, o para imponer medidas discriminatorias en masa bajo el lema de garantizar la paz social. No es esto lo que se entiende por Derecho Penal del Enemigo. Hablaríamos en estos casos de Derecho Penal Autoritario o Totalitario, según el caso.

239   Cit. en Llobet Rodríguez, J; *op. cit,* p. 425-426.

«A quien todo esto le siga pareciendo demasiado oscuro se le puede ofrecer un esclarecimiento cual rayo mediante una referencia a los hechos del 11 de septiembre de 2001. Lo que aún se sobreentiende respecto del delincuente de carácter cotidiano, es decir, no tratarlo como individuo peligroso, sino como persona que actúa erróneamente, ya pasa a ser difícil [...] en el caso del autor por tendencia o que está imbricado en una organización —la necesidad de la reacción frente al peligro que emana de su conducta reiteradamente contraria a la norma pasa a un primer plano— y finaliza en el terrorista, denominando así a quien rechaza por principio la legitimidad del ordenamiento jurídico y por ello persigue la destrucción de ese orden. Ahora bien, no se pretende poner en duda que también un terrorista que asesina y aborda otras empresas puede ser representado como delincuente que debe ser penado por parte de cualquier Estado que declare que sus hechos son delitos. Los delitos siguen siendo delitos aunque se cometan con intenciones radicales y a gran escala. Pero sí hay que inquirir si la fijación estricta y exclusiva en la categoría del delito no impone al Estado una atadura —precisamente, la necesidad de respetar al autor como persona— que frente a un terrorista, que precisamente no justifica la expectativa de una conducta generalmente personal, sencillamente resulta inadecuada. Dicho de otro modo: quien incluye al enemigo en el concepto de delincuente ciudadano no debe asombrarse si se mezclan los conceptos 'guerra' y 'proceso penal'. De nuevo, en otra formulación: quien no quiere privar al Derecho penal del ciudadano de sus cualidades vinculadas a la noción de Estado de Derecho —control de las pasiones; reacción exclusivamente frente a hechos exteriorizados, no frente a meros actos preparatorios; respeto a la personalidad del delincuente en el proceso penal, etc.— debería llamar de otro modo aquello que hay que hacer contra los terroristas si no quiere sucumbir, es decir, lo debería llamar Derecho penal del enemigo, guerra refrenada».

En la misma República Federal de Alemania, después de la Segunda Guerra Mundial, y para evitar una destrucción similar a la que experimentó la de Weimar, se jugó con la noción de 'Democracia Combativa', que desarrolló normas penales de Derecho Penal del Enemigo durante los años 70 en respuesta a los actos terroristas perpetrados por las *Baader-Meinhof* o Fracción del Ejército Rojo, grupo terrorista de ideología comunista operativo desde finales de los años 60 hasta 1998.[240] Entre estas medidas se contempló el mantenimiento en Prisión Preventiva para el imputado.[241] Estas normas de 'Derecho Penal del Enemigo', como las habidas en España, Italia o cualquier otro Estado democrático que haya padecido el fenómeno del Terrorismo, ya fuere yihadista, nacionalista o socialista revolucionario, no se separaron nunca de los contornos del Estado de Derecho, es decir, se mantuvieron dentro de los marcos establecidos por la Constitución, que, en los Estados de Derecho, reserva un margen al legislador para poder ampliar o reducir la punibilidad en función de las consideraciones pertinentes, pero siempre dentro de la lógica garantista.

Distingue Jakobs dos polos de tratamiento del Derecho Penal: el tratamiento con el 'ciudadano' y el tratamiento con el 'enemigo'. Ambos tratamientos han de ser, forzosamente, diferentes, puesto que para el primero se 'espera' a que este exteriorice una conducta determinada lesiva para un bien jurídico determinado, actuando entonces el Derecho Penal. En el caso de segundo, cuyo tratamiento se basa en su 'peligrosidad', basta la constatación efectiva de dicho 'peligro' para que el Derecho Penal pueda entrar en escena. ¿Arbitrariedad? Difícil. Puesto que dicha peligrosidad ha de ser puesta de manifiesto por el sujeto y, en todo caso, debidamente constatada y valorada por los medios legales previstos al efecto, no al margen de la Ley ni del Código Penal, ni desde luego en base a una legislación especial cuyo contenido se secesione del propio Código Penal o de la Constitución.[242]

---

240   VírgalaForuria, E; «La suspensión de los derechos por terrorismo en el derecho español» en *Revista Española de Derecho Constitucional*. Año 14. Núm 40. Enero-Abril 1994, pp. 112-113.

Muestra de ello fueron la Ley de 20 de diciembre de 1974 de reforma del Código de Procedimiento Penal o Ley Baader-Meinhof , y la reforma del 14 de abril de 1978 del mismo Código, amparadas a su vez por la reforma de la Constitución del 24 de junio de 1968.

241   Llobet Rodríguez, J; *op. cit,* p. 427.

242   Jakobs, G; «Derecho penal del ciudadano y Derecho penal del enemigo»en Jakobs, G. y Cancio Meliá, M; *Derecho penal del enemigo*, Madrid, 2003, pp. 42-43.

La existencia del Derecho Penal del Enemigo evita que esta *ultima ratio* empleada por el Estado 'contamine', 'pervierta', 'desnaturalice' el Derecho Penal del Ciudadano. Porque (reproducimos de nuevo)*«quien no quiere privar al Derecho penal del ciudadano de sus cualidades vinculadas a la noción de Estado de Derecho —control de las pasiones; reacción exclusivamente frente a hechos exteriorizados, no frente a meros actos preparatorios; respeto a la personalidad del delincuente en el proceso penal, etc.— debería llamar de otro modo aquello que hay que hacer contra los terroristas si no se quiere sucumbir, es decir, lo debería llamar Derecho penal del enemigo, guerra refrenada.»*[243]La seguridad cognitiva de la Norma es lo que diferencia al Estado de Derecho de la Dictadura, en nuestro caso, del Estado del Führer. Si no pivotara sobre estos elementos, el Derecho Penal del Enemigo no sería tal, dado que no puede entenderse sin el Derecho Penal del Ciudadano. Dicho de otra forma: Derecho Penal del Ciudadano y Derecho Penal del Enemigo son dos caras de la misma moneda, son dos 'derechos penales' que el Estado de Derecho utiliza para proteger garantías y sólo para proteger garantías.[244]

Continúa Jakobs:

> *«Quien no presta una seguridad cognitiva suficiente de un comportamiento personal, no sólo no puede esperar ser tratado aún como persona, sino que el Estado no debe tratarlo ya como persona, ya que de lo contrario vulneraría el derecho a la seguridad de las demás personas. Por lo tanto, sería completamente erróneo demonizar aquello que aquí se ha denominado Derecho penal del enemigo; con ello no se puede resolver el problema de cómo tratar a los individuos que no permiten su inclusión en una constitución ciudadana.»*

Este problema, como se ha indicado, ya se presentó con anterioridad. Ya Jean Jacques Rousseau (1712-1778), padre de la visión colectivista del Mundo Moderno, planteó la cuestión. El papel de Rousseau nos es de interés, por cuanto generó las bases de lo que fue la matriz del Totalitarismo, esto es, la disolución

---

243   *Ibíd,* pp. 42.

244   Polaino Orts, M; *op. cit,* pp. 558-560.

del individuo en la colectividad. Su visión de la 'Libertad' no se ancló en el libre albedrío y en el disfrute de las pasiones a decisión del individuo, sino en el ascetismo puritano disciplinado y austero. El *egoísmo* es lo que hace el ser humano esclavo. Una vez liberado de tiranía de las pasiones individuales, la verdadera libertad estaría al alcance de la mano, puestoque el 'yo' ha sido disuelto en el 'común'.[245] No es extraño que el ideal de sociedad comunitaria orgánica y disciplinada lo hallara Rousseau en Esparta.[246] La 'verdad' colectiva es un Dogma de Fe:[247]

> *«Hay, pues, una profesión de fe puramente civil cuyos artículos corresponde fijar al soberano, no como dogmas de religión, sino como sentimientos de sociabilidad, sin los que es imposible ser buen ciudadano ni súbdito fiel. Aunque no puede obligar a nadie a creer en ellos, sí puede desterrar del Estado a quien no los crea; puede desterrarlo no por impío, sino por insociable, por ser incapaz de amar sinceramente las leyes, la justicia, y de inmolar, en caso de necesidad, su vida a su deber. Si alguien, tras haber reconocido públicamente estos mismos dogmas, se comporta como si no los creyese, que se le condene a muerte; ha cometido el mayor de los crímenes: ha mentido ante las leyes. Los dogmas de la religión civil deben ser simples, pocos, enunciados con precisión, sin explicaciones ni comentarios. Los dogmas positivos son: la existencia de la divinidad poderosa, inteligente, bienhechora, previsora y providente; la vida futura, la felicidad de los justos, el castigo de los malos, la santidad del contrato social y de las leyes. En cuanto a los dogmas negativos, los reduzco a uno sólo: la intolerancia; entra en los cultos que hemos excluido.»*

Dicha visión comunitaria exige un 'Hombre Moral', al que se contrapone el 'Enemigo Moral', que rompe el Contrato Social y debe ser eliminado. Este 'enemigo moral' está más cerca del 'enemigo del *Volk*' nacionalsocialista que del funcionalismo de Jakobs. Todo infractor del Contrato Social es 'enemigo', el cual

---

245   Rousseau, J.J; *El Contrato Social,* Madrid, 1981, pp.61-2, 65, y 144-145.

246   Priestland, D; *Bandera Roja. Historia política y cultural del Comunismo,*Barcelona, 2010, pp. 27-29. El pensamiento de Rousseau influyó fuertemente en el Socialismo Utópico y, posteriormente, en el Socialismo revolucionario marxista, opuesto al 'individuo para sí'.

247   Rousseau, J.J; *op.cit,* p. 173.

debe ser desterrado o asesinado, para evitar que la 'Comunidad Virtuosa' se vea dañada. A semejanza con el Derecho Penal Nacionalsocialista, cualquier persona que viola la Ley viola el Contrato, y todo aquel que viola el Contrato es un 'Enemigo'. Ello no se basa en la conducta en sí que lleve a cabo el sujeto, sino en su 'falta' al pacto, a la buena fe del resto de 'signatarios'. El ataque a la moral del cuerpo civil, de raíz iusnaturalista, es para Rousseu el nudo gordiano del injusto.[248] En el Funcionalismo, el 'Enemigo' no se define como 'moral' o ajeno al 'sano sentimiento del pueblo', sino como el sujeto autoexcluido de la sociedad y de sus pilares fundamentales de convivencia que, por su alta peligrosidad, constituye un peligro para atajar el cual el Estado de Derecho 'desarrolla' el Derecho Penal del Enemigo, caracterizándolo y no confundiéndolo con el Derecho Penal del Ciudadano.[249]

Importante es, a la par, diferenciar el Derecho Penal del Enemigo descrito por Jakobs de la ya tratada dialéctica Amigo/Enemigo de Carl Schmitt, entre otras cosas, para poder comprobar las diferencias ostensibles entre el Funcionalismo y el Nacionalsocialismo en el ámbito Penal. Schmitt parte de la base de que la unidad política se ha formado siempre a resultas de la concepción del Enemigo. Este es el que dota de identidad a la Comunidad Política al oponerse a él. Así, la noción de lo 'político' es anterior al Estado, y el 'enemigo' reviste un carácter público.[250] La 'enemistad', no obstante, parte de una esencia principalmente privada, aunque en momentos posteriores ello se traslade a la esfera pública.[251] En Jakobs es el Estado el que por medio de sus cauces legales decide quién es el 'Enemigo'. Así, para Jakobs:[252]

— Se es 'persona' en Derecho si se ofrece una seguridad cognitiva mínima respecto a la Norma.

---

248   Polaino Orts, M; *op. cit,* pp. 82-85.

249   *Ibíd,* pp. 85-86.

250   *Ibíd,* pp. 129-133.

251   *Ibíd,* pp. 134-135.

252   *Ibíd,* pp. 135-136.

— Se es 'enemigo' si no se ofrece esta garantía mínima.

Las principales diferencias entre Schmitt y Jakobs radican en que:[253]

— En Schmitt la determinación de la 'enemistad' es subjetiva, puesto que es el propio individuo el que decide si esta 'enemistad' tiene lugar o no.[254] El Funcionalismo de Jakobs, por el contrario, contempla la determinación del 'Enemigo' de manera objetiva, dado que se le combate para salvaguardar a las personas en Derecho. El 'Enemigo' representa un 'peligro real', por ello se despersonaliza, es no-persona en Derecho. Pero, a diferencia de Schmitt, el tratamiento de este 'enemigo' se somete a la Ley y al Estado de Derecho, no produciéndose 'por encargo' un Derecho Penal retributivo sometido a la voluntad de un líder absoluto e infalible, cuyo objetivo sea el 'exterminio' de aquél.

— En Schmitt el 'Enemigo' no lo es por oposición a la Norma, en Jakobs sí, y sólo lo es de este modo. Además, la noción del 'enemigo' de Jakobs es personal-social, mientras que la de Schmitt es exclusivamente política. El 'Enemigo' jurídico-penal para Jakobs es el que se opone frontalmente a la Norma.

Por ello, cabe concluir que el Derecho Penal Nacionalsocialista no sólo no es Derecho Penal del Enemigo, sino que se trató de algo opuesto conceptualmente a él. El Derecho Penal del enemigo exige la existencia de un Estado de Derecho para ser tal. No existió en el Nacionalsocialismo dicotomía alguna entre Derecho Penal del Ciudadano y Derecho Penal del Enemigo. Y aún más: el Tercer Reich no fue nunca un Estado de Derecho, existiendo en su seno, más bien distinción entre diversos grados de 'enemigos', que fue lo que recogió su regulación legal, con el

---

253   *Ibíd,* pp. 136-139.

254   Schmitt excluye aquí a los grupos 'enemigos' *per se*, que lo son de la Comunidad por el mero hecho de existir, esto es, por su misma esencia. Se contemplaría dentro de esta noción, en el Nacionalsocialismo, a los judíos, los gitanos o los eslavos.

propósito de eliminarlos físicamente de su 'espacio vital'.[255] El Derecho Penal del Enemigo no se caracteriza por ninguna de las notas anteriormente analizadas que dotan de identidad al Derecho Penal Nacionalsocialista. Su delimitación choca, pues, frontalmente con la visión Nacionalsocialista.

Sibien es cierto, al margen de lo antedicho, que determinados aspectos del Derecho Penal durante el Tercer Reich sobrevivieron a su caída y subsistieron en la dogmática penal durante la República Federal y hasta nuestros días, entre ellos la Custodia de Seguridad plasmada en la legislación nacionalsocialista.[256] El mismo Jakobs trató esta cuestión:[257]

> «[...] el *Código penal prusiano de 1851 y el Código penal del Reich de 1871 no conocían una punición de los actos aislados de preparación de un delito. Después de que en la 'lucha cultural'Kulturkampf -una lucha del Estado por la secularización de las instituciones sociales- un extranjero (el belga Duchesne) se hubiera ofrecido frente a altas instituciones eclesiásticas extranjeras (el provincial de los jesuitas en Bélgica y el arzobispo de París) a matar al canciller del Reich (Bismarck) a cambio del pago de una suma considerable, se introdujo un precepto que amenazaba tales actos de preparación de delitos gravísimos con pena de prisión de tres meses hasta cinco años, en el caso de otros delitos, con pena de prisión de hasta dos años. [...] Se trata de una regulación que -como muestra lo poco elevado de las penas evidentemente no tomaba como punto de referencia cómo de peligroso un enemigo puede llegar a ser, sino aquello que un autor ya ha atacado hasta ese momento al realizar la conducta: la seguridad pública. En 1943 (∴) se agravó el precepto (entre otros aspectos) vinculando la pena a la correspondiente al hecho planeado; de este modo, el delito contra la seguridad pública se convirtió en una verdadera punición de actos preparatorios, y esta modificación no ha sido revocada hasta el día de hoy.»*

¿Cuáles son, pues, estos elementos del pensamiento jurídicopenal nacionalsocialista y que subsisten, aún, en la dogmática alemana? Principalmente, la Lesión del Deber para con la 'Co-

---

255   Llobet Rodríguez, J; *op. cit,* p. 434-435.

256   *Ibíd,* pp. 432-3.

257   Jakobs, G; *op. cit,* pp. 48-49.

munidad' en detrimento a la Lesión del Bien Jurídico, como quedó de manifiesto en la Sentencia *Lencker* del Tribunal Federal de Justicia de Alemania en 1951. En ella, la argumentación del tribunal entiende el Delito no sólo como la lesión el bien jurídico sino como, y esto es más importante, lesión del deber de comportamiento que los valores comunitarios predisponen, de manera que el fundamento de la pena se vincula a la falta de la idoneidad de la conducta para afectar al bien jurídico, a la afectación negativa al deber comunitario.[258] Otro aspecto es la Tutela de los Bienes Jurídicos Colectivos de manera preeminente a la de los Bienes Jurídicos Individuales. Se rechaza la Teoría Pura de los bienes individuales, así como la Teoría de la Acumulación (que exige la lesión a la par de los bienes jurídicos individuales y colectivos) para otorgar relevancia a la afectación al bien jurídico colectivo en la antijuridicidad, presentándolo como algo indisponible para el sujeto. Esto tuvo como resultado un adelanto de la punibilidad general, puesto de manifiesto especialmente en los delitos de naturaleza económica.[259] Un tercer elemento fue la quiebra del Principio de Legalidad frente a la Analogía. Así, la Analogía está presente, si bien no con carácter general en el Código Penal Alemán, sí en delitos particulares, rasgo heredado del nacionalsocialismo. La diferencia entre la Analogía Nacionalsocialista y la Analogía posterior es de naturaleza cuantitativa, no cualitativa., salpicada de ejemplos-regla que confirman la subsistencia del Concepto Material del Delito.[260] Finalmente, se halla dentro del nuevo ordenamiento jurídico alemán la Subjetivación del injusto y la 'infracción moral' como fundamento de la Pena. La 'Etización' del Derecho Penal siguió presente después de la desaparición del Tercer Reich, convirtiendo la susceptibilidad de 'reprobabilidad' del comportamiento en cuestión uno de los elementos básicos de la Pena.[261]

---

258   Hoyer, A; *op. cit*, pp. 46-47.

259   *Ibíd*, pp. 48-49.

260   *Ibíd*, pp. 49-50.

261   *Ibíd*, pp. 50-51.

La cultura jurídica en materia penal nacionalsocialista no murió del todo, pues, con el Tercer Reich, sino que, en determinados aspectos, como se ha analizado, pervivió. Algo lógico por cuanto que existió siempre una continuidad entre el Derecho Penal durante el Nacionalsocialismo y la República Federal, así como que también lo hubo entre el de la República de Weimar y el Nacionalsocialista.[262] A ello debe añadirse una desnazificación incompleta en la República Federal, que se vio acompañada por el escaso entusiasmo de los alemanes en general, y de los jueces alemanes en particular, por purgar a los individuos que más se habían significado en su apoyo al Nacionalsocialismo, así como en eliminar algunos elementos provenientes de esta cultura que no se consideraban negativos, o que incluso encontraban su origen antes de la llegada del Tercer Reich.[263] No debe olvidarse que las personas que constituyeron la base social y la población del régimen nacionalsocialista fueron las mismasque compusieron la de la República Federal de Alemania y la de la República Democrática de Alemania.

---

262   Vormbaum, T; *op. cit,* pp. 243-245.

263   Véase Romeike, S; *La justicia transicional en Alemania después de 1945 y después de 1989.* Academia Internacional de los Principios de Núremberg. Núremberg, 2016.

3. De Núremberg a Auschwitz: la Legislación Penal nacionalsocialista

Contrariamente a lo que suele considerarse, el Derecho Penal Nacionalsocialista no apareció 'en el vacío'.[264] Ya durante la República de Weimar existieron determinadas tendencias doctrinales y dogmáticas que aventuraban lo que estaba por venir y que apuntaban hacia una dirección inequívoca. Ello no quiere decir que, forzosamente, el sistema jurídico-penal de Weimar debiera desembocar en el sistema jurídico-penal nacionalsocialista. Pero las semillas estaban sembradas. Esto se puso de manifiesto, precisamente, en lo concerniente a la mayor conquista del Derecho Penal durante la República de Weimar, el concepto de Culpabilidad Penal como una noción que permitió edificar una barrera difícilmente franqueable para el Estado de Derecho y, por tanto, como una garantía para el delincuente en cuanto a limitación del rol punitivo estatal.[265] La Culpabilidad en Weimar convivió con un dualismo penológico que abrió el cauce al establecimiento de medidas de seguridad indefinidas basadas en la peligrosidad del sujeto e impregnadas de la lógica Amigo/Enemigo schmittiana

---

264   El Socialismo Revolucionario y la Socialdemocracia ya se habían abierto a los postulados eugenésicos y de 'higiene social'. El comisario para la Salud (equivalente a ministro de Sanidad) en el Consejo de Comisarios del Pueblo de la República Socialista Federativa Soviética de Rusia (precursora de la Unión Soviética), el Gobierno de Lenin, NikolaiAleksandrovichSemashko (1874-1949), declaró en 1925: «*Nosotros perseguimos realmente metas eugenésicas, nosotros registramos realmente logros eugenésicos. No en el sentido, naturalmente, en el que comprenden la eugenesia los eugenistas burgueses [...], quienes [...] castran a la gente no deseada por la burguesía [...]. No es esta eugenesia la que perseguimos, sino que aspiramos al verdadero saneamiento de los obreros y campesinos, de los trabajadores, esto es, de la inmensa mayoría de la población, el verdadero saneamiento de la raza. Nosotros no jugamos con el término de eugenesia. A pesar de todas las carencias, injurias y obstáculos llevamos adelante paso a paso, tenaz y resueltamente, nuestras medidas para el saneamiento de los trabajadores*'. Cit. en Mocek, R; *Socialismo revolucionario y darwinismo social*, Madrid, 1999, p. 7.

265   Muñoz Conde, F; *Edmund Mezger y el Derecho Penal de su tiempo. Estudios sobre el Derecho Penal en el Nacionalsocialismo*, Valencia, 2003, p. 64.

que luego haría suya el nacionalsocialismo una vez en el Poder. Este dualismo se configuró durante la dictadura como una base sobre la cual diseñar medidas especiales para la eliminación de los 'extraños a la comunidad', eliminando la vertiente garantista en dicho dualismo para hipertrofiar el anti-garantismo y la capacidad de reacción del Estado.[266]

La Resocialización para el delincuente habitual 'incorregible' apenas si fue contemplada, discurriendo los Proyectos de Código Penal de 1922, 1925, 1927 y 1930 por la vía de la 'inocuización' de este tipo de delincuente, que se convirtió en Derecho vigente con la Ley del 24 de noviembre de 1933 sobre peligrosidad social y medidas de rehabilitación.[267]Dicha ley, ya durante el período nacionalsocialista, reformó el Código Penal y aumentó considerablemente las penas por reincidencia y estableció medidas de internamiento en centros de salud, centros de desintoxicación para alcohólicos, y de trabajo. Contempló, asimismo, la castración de los delincuentes sexuales por su 'peligrosidad social'. Para su aplicación se incluyó otra modificación del Código Penal que alojó la discrecionalidad para los Tribunales a la hora de decidir el tiempo de duración del internamiento en estos centros.[268]

El propósito de la visión nacionalsocialista de la eliminación física, del modo que fuera, de estos 'extraños', de estos 'seres' al margen de la 'comunidad sana', derivó hacia un programa de Eugenesia planificado de manera escalonada. El tratamiento ajeno a todo Principio de Proporcionalidad Penal de los delincuentes habituales no puede disociarse de este proyecto, como tampoco

---

266   *Ibíd,* p. 65.

267   Santos, J.A; *Filosofía del Derecho Penal, positivismo jurídico y eugenesia en la República de Weimar* en Blázquez Ruiz, F.J; *Nazismo, Derecho, Estado,* Madrid, 2014, pp. 124-5.

La 'inocuización' ya había sido prevista por von Liszt para los delincuentes 'incorregibles', por medio de la prisión por tiempo indeterminado en centros especiales, y en régimen de 'servidumbre penal' concretada en el trabajo obligatorio. Santos, J.A;*op.cit,* pp. 123-4.

268   Hillers de Luque, S; *op.cit,* pp. 107-8.

este puede ser analizado al margen del exterminio de categorías étnicas, raciales e ideológicas por parte del Tercer Reich. Ya antes de todo ello se había planteado por el penalista Karl Binding (1841-1920) y por el psiquiatra Alfred Hoche (1865-1943)[269] en su obra conjunta *Die FreigabederVernichtunglebensunwertenLebens* (*Autorización para exterminar la vida sin valor vital*) de 1920 la necesidad de que el Estado hiciera prevalecer los intereses de la sociedad por encima de los intereses de los enfermos físicos y psíquicos incurables, atendiendo al hecho de que consumen más recursos que los individuos sanos y que, por un lado, su 'valor vital' era menor que el de las personas aptas, y por otro, que su existencia causa más perjuicios que beneficios a los demás.[270] En tanto que ya existe un diagnóstico, es posible habilitar un mecanismo de naturaleza administrativa para producir la muerte de estas personas, que se han convertido en una carga para el Estado y que son, en definitiva, 'inservibles'.[271]

El Nacionalsocialismo llevó estos planteamientos aún más lejos. Por una ley de 14 de julio de 1933 se comenzaron a realizar operaciones de esterilización para evitar el nacimiento de niños con enfermedades hereditarias, previendo además la castración para casos fuera de los contemplados en dicha ley cuando el médico lo considerase necesario. En otros países del entorno se registraron normas legales de este tipo, entre las que cabe destacar la primera ley dirigida a la esterilización del 1907 del Estado de Indiana en los Estados Unidos, o las medidas en el mismo sentido contenidas dentro de la arquitectura legal de los países escandinavos durante los años 30.[272] La ley de 26 de junio de 1935 amplió las medidas anteriores con la posibilidad de la esterilización de la mujer embarazada a solicitud de la propia mujer,

---

269   Debe destacarse que estos autores no pretendieron crear un marco intelectual aprovechable por el Nacionalsocialismo para sus políticas eugenésicas. De hecho, Hoche fue un declarado opositor al Tercer Reich.

270   Santos, J.A;*op.cit,* pp. 128-130.

271   Santos, J.A;*op.cit,* pp. 131-133.

272   Hillers de Luque, S; *op.cit,* p. 355.

así como el aborto para prevenir la transmisión de enfermedades hereditarias o en los casos en que exista un peligro para la vida de la madre. Se reguló, además, la castración voluntaria con autorización médica de los reos condenados por violación o agresiones sexuales.[273] No obstante, es preciso advertir que las políticas de Eugenesia dirigidas al exterminio de estas categorías de seres humanos estuvieron fuera de la legalidad formal, es decir, se realizaron al margen de lo que permitían las leyes, dentro de la concepción anti-positivista que el nacionalsocialismo tenía del Derecho, y su identificación de éste con el 'sano sentimiento del Pueblo' y con la 'voluntad del Führer'. Tanto es así que el 1 de septiembre de 1939, al comienzo de la Segunda Guerra Mundial, una Orden firmada por Hitler, con membrete de la Jefatura del NSDAP, dio origen al *Programa T-4* de Eugenesia practicado por el Tercer Reich. La decisión la tomaba Hitler no en tanto que canciller de Alemania, sino como líder del Partido, por lo que dichodocumento no se publicó formalmente en boletín oficial alguno, no formando, por tanto, parte de la legalidad positivo-formal vigente. En él se establecía:[274]

> *«El ReichsleiterBouler* [jefe de la Cancillería del Führer] *y el Dr. médico Brandt [médico personal del Führer] quedan encargados, bajo su responsabilidad, de ampliar estas funciones a determinados médicos, en el sentido de que a los enfermos incurables, cuando humanamente se considere conveniente y el diagnóstico dictamine un estado crítico de su enfermedad, se le puede administrar la 'muerte de gracia' (Gnadentod).»*

Incluso aunque desde antes ya se estaba produciendo el asesinato de enfermos incurables y de personas con enfermedades hereditarias, esta autorización escrita dada por el Führer supuso el pistoletazo de salida de una matanza a gran escala, que incluyó también a niños discapacitados y que convivió con acciones regionales de eliminación física de los pacientes de los manicomios en colaboración con las SS por medio de fusilamientos y de furgones de gas móviles, totalmente al margen de la Ley. Esta

---

273   *Ibíd,* pp. 82-83.
274   *Ibíd,* p. 357.

autorización no se trató de un Decreto, sino que procedió de la Cancillería del Führer del NSDAP, un organismo burocrático del Partido. Pero, en tanto que orden del líder, se le otorgó un estatus jurídico vinculante. Estas muertes no se limitaron al 'Programa' en sí, sino que fueron mucho más allá, e incluso cuando éste se 'suspendió' oficialmente, dichas muertes continuaron por otras vías hasta el mismo fin del Nacionalsocialismo.[275]

De hecho, la eliminación de los 'extraños a la comunidad' continuó siendo un asunto de primera importancia para las autoridades del Tercer Reich, puesto que uno de los elementos básicos la revolución social-racial que se aplicaron en ejecutar era eliminación de la 'criminalidad hereditaria', que se transmitía de generación en generación, configurándose de esta forma familias enteras de criminales o de asociales que era preciso eliminar.[276] A ello no fue ajeno el Proyecto de Ley sobre el Tratamiento de 'Extraños a la Comunidad' (*'Gemeinschaftsfremde'*), aprobado el 17 de marzo de 1944 y que, aunque su entrada en vigor estuvo prevista para el 1 de enero de 1945, junto con el nuevo Código Penal, no llegó a hacerlo. Este proyecto contempló medidas para estos sujetos (delincuentes habituales, vagos, fracasados, ineptos, vagabundos, prostitutas, drogadictos u homosexuales) tales como la inocuización, el internamiento en campos, la castración, la esterilización, el establecimiento de medidas de seguridad de duración indeterminada y, en definitiva, la absoluta disponibilidad por parte de los organismos de Seguridad del Estado de la vida de estos individuos, cometan efectivamente crímenes tipificados en la legislación vigente o no.[277] Su Exposición de Motivos no permitió albergar ninguna duda sobre lo que se pretendió:[278]

> *«El Proyecto pone, por consiguiente, tanto a disposición de la policía la privación de libertad por tiempo indeterminado, como a disposi-*

---

275   Kershaw, I; *op. cit*, pp. 689-698.

276   Muñoz Conde, F; *Edmund Mezger y el Derecho Penal de su tiempo. Estudios sobre el Derecho Penal en el Nacionalsocialismo,* p. 252.

277   *Ibíd,* pp. 170-192.

278   *Ibíd,* p. 200.

ción de los Tribunales, la condena indeterminada, lo que constituye un arma que va más allá de lo que permite la Ley del delincuente habitual de 24.11.1933 y que hace ya tiempo viene siendo reclamada por la Ciencia del Derecho penal y la Biología criminal.»

En él estuvo íntimamente involucrado Edmund Mezger(1883-1962), que sostuvo dichas tesis,[279] convirtiéndose en una pieza fundamental de la 'Solución Final' al problema de los 'Extraños a la Comunidad'. Si bien es cierto que no existió un Derecho Penal específico para esta categoría de seres humanos, ni una planificación general a gran escala como sucedió con el *Holocausto*.[280]

Este tipo de políticas sólo fueron posibles dentro de un Estado Policial que sí desarrolló, pese a la peculiaridad a-sistemática jurídica del Tercer Reich, un cuerpo legal en este sentido. La Ley del 26 de abril de 1934 creó la *GeheimeStaatspolizei* (Policía Secreta del Estado), más conocida por sus siglas: GESTAPO. Aunque inicialmente se previó para el Estado de Prusia, esta policía política dependiente de las SS gozó de un marco legal general y definitivo con la Ley del 10 de febrero de 1936 que, entre otras cuestiones, estableció que sus actuaciones no podían ser controladas por los Tribunales, generándose una ausencia de control jurídico que aumentó tras la fusión entre esta y la Policía Criminal, lo que la integró definitivamente dentro del seno de las SS. En la práctica, lo que sucedió es que se creó un ordenamiento jurídico en 'miniatura' propio para ellas. De esta manera, junto con la eliminación de la restricción de la reclusión de protección para los presos políticos en enero de 1938, se creó una Jurisdicción especial para los miembros de las SS y de la policía (17 de octubre de 1939) —aunque Hitler actuó para indultar a los policías responsables de maltratos a los prisioneros— y se

---

279   *Ibíd*, p. 202-227.
280   *Ibíd*, p. 275-284.

emitió un Decreto de cara a aumentar el efecto intimidatorio de la Detención (26 de octubre de 1939).[281]

Las SS y la GESTAPO (por extensión, todos los organismos policiales que actuaban en el Reich) gozaron de la capacidad para enviar a campos de concentración, discrecionalmente, a aquellos sujetos que consideraran 'peligrosos'. La GESTAPO pudo, de este modo, corregir las decisiones judiciales, encarcelando e internando en campos a quienes los tribunales habían dejado en libertad o declarado inocentes de los cargos que se les imputaban. Así, la estructura jurídica, pero también 'de hecho' de los organismos de Seguridad del Estado se superpusieron a la legalidad formal vigente. La capacidad prácticamente ilimitada que tenían para poder neutralizar de la manera en que consideraran conveniente a quien consideraran conveniente convirtió a las normas de Derecho Penal aprobadas en papel mojado, en poco más que irrelevantes, en un Estado que saboteó deliberadamente toda noción de Ordenamiento Jurídico y que optó por la destrucción de la idea misma de 'legalidad' a la vez que impuso las 'vías de hecho' como el proceder habitual y, con el paso del tiempo, fundamental.[282]

De importancia capital, dentro del ámbito legislativo, para el Derecho Penal Nacionalsocialista, fueron las famosas 'Leyes de Núremberg', redactadas por Wilhelm Frick (1877-1946), ministro del Interior. Se trataron de dos leyes, ambas aprobadas por unanimidad por el Reichstag el 5 de septiembre de 1935: la Ley de la ciudadanía alemana, y la Ley para la protección de la sangre alemana y del honor alemán. Su contenido es breve y contundente. Sólo es ciudadano alemán aquél con sangre alemana o afín dispuesto a servir al Pueblo y al Reich, siendo el único portador de

---

281   Llobet Rodríguez, J; *op. cit,* p. 131-139. Este Decreto procedió de la propia GESTAPO. Recuérdese, el Tercer Reich funcionó como una PolicraciaNeofeudal, de manera que una norma que debió emanar del Reichstag o, en todo caso, del Ejecutivo, procedió del mismo órgano que recibía de ella dichas habilitaciones especiales.

282   *Ibíd,* pp. 139-145.

derechos políticos, y estableciéndose una diferencia entre estos (*Reichsbürger*) y los 'Súbditos del Estado' (*Staatsangehörige*), que no tienen derechos políticos. Dentro de esta última categoría entran los judíos alemanes. Por otra parte, se prohíben los matrimonios mixtos (entre 'alemanes' y 'judíos'), se declaran nulos de manera retroactiva a instancias del Fiscal del Estado los matrimonios así celebrados, se prohíben las relaciones extra-matrimoniales de esta naturaleza, que los judíos puedan tener en su casa servicio doméstico femenino de sangre alemana o afín menores de cuarenta y cinco años, así como desplegar banderas o colores 'nacionales', permitiéndoseles, en cambio, desplegar 'colores judíos'. Las Penas contemplan la Cárcel para el incumplimiento de la prohibición de contraer matrimonios mixtos, así como para la violación de la prohibición relativa a las relaciones extra-matrimoniales (reservada sólo para el 'hombre', y más concretamente, para el 'hombre judío'), junto con la Prisión de hasta un año y multa en cuanto supone a la prohibición concerniente al servicio doméstico femenino y el despliegue de los símbolos nacionales.[283]

La aplicación de esta legislación se llevó a la práctica de manera total, como se colige de la Sentencia Katzenberger, de 23 de marzo de 1942, en Núrenberg, que condenó a muerte a un judío por mantener relaciones sexuales al margen del matrimonio con una chica alemana menor de edad.[284] La cuestión no quedó ahí, y a partir de la aprobación de estas leyes se sucedieron otras que fueron privando sucesivamente a los judíos de los 'derechos' que aún conservaban, las cuales aumentaron en dureza tras el Pogromo antisemita conocido como 'La Noche de los Cristales Rotos', que tuvo lugar durante los días 9 y 10 de diciembre de 1938, a causa del cual numerosos comercios, empresas y negocios pertenecientes a alemanes judíos fueron destruidos, junto con edificios de culto y viviendas, incluyendo también las palizas a y la muerte de algunos judíos y el encarcelamiento o internamiento

---

283   Hillers de Luque, S; *op.cit,* pp. 85-90.

284   *Ibíd.*

en campos de concentración/trabajo de otros.[285] Este torrente apresurado de legislación implicó, por una parte, la obligación de los judíos de costear de su propio bolsillo los destrozos ocasionados y, por otro, con el propósito de 'arianizar la economía', la prohibición de crear y llevar negocios independientes, así como la de ser gerentes de éstos o contratar empleados a tal fin. A esto se añadió otra prohibición más: la de la presencia de judíos en lugares de entretenimiento público, tales como cines, cafés o salones de baile.[286] Se excluyó a los judíos de la asistencia a las escuelas públicas y a las universidades, con medidas que incluyeron, además, la retirada del pasaporte y del carnet de conducir, además de la entrega de sus bienes y objetos de su propiedad.[287]

Con todo, existieron varios Proyectos de Reforma del Código Penal, que datan de 1936, 1939 y 1944. Ninguno de ellos entró en vigor. No obstante, una Comisión para la Reforma del Código Penal se reunió en octubre de 1933, presentándose los Principios que debían guiar la reforma en 1935. Lo que sí entró en vigor como derecho vigente fueron sucesivas modificaciones parciales, que crearon un marco legal-penal caracterizado por las notas que se han señalado anteriormente.[288] Entre ellas destacan la ley de 28 de junio de 1935, que modificó la legislación Procesal-Penal para que el Ministerio Público pudiera aplicar analógicamente la ley penal: la Ley contra la calumnia maliciosa del Estado y del Partido, y para proteger los uniformes del Partido (20 de diciembre de 1934); la Ley de robo en las calles por medio de trampa de automóviles (22 de junio de 1938); la citada ley para los de-

---

285   Gilbert, M; *La noche de los cristales rotos,* Madrid, 2008, pp.1-14.

Previamente se había expulsado de Alemania a unos 12.000 judíos, lo que fue empleado como motivo por el joven judío polaco Herschel Grynszpan (1921-1945) para disparar mortalmente al secretario de la Embajada de Alemania en París, Ernst vomRath (1909-1938), lo que a su vez fue utilizado por el régimen Nacionalsocialista para lanzar el pogromo.

286   *Ibíd,* pp. 96-99.

287   Hillers de Luque, S; *op.cit,* pp. 91-95.

288   Llobet Rodríguez, J; *op. cit,* p. 149-152.

lincuentes habituales peligrosos (24 de noviembre de 1933); la Ley de alta traición y traición a la patria (24 de abril de 1934); o la Ley contra el sabotaje económico (1 de diciembre de 1936).[289] El rasgo común a todas ellas fue, en la línea de lo señalado, un adelanto de la punibilidad con la sanción de los actos preparatorios y una pena equivalente para la Tentativa y el Delito Consumado, consagrando un Derecho Penal de Autor basado en la peligrosidad del sujeto, de lo que es muestra el establecimiento de Medidas de Seguridad de duración no determinada.[290] Ello se vio complementado con la Ley de impunidad del 7 de agosto de 1934, ampliada con la del 23 de abril de 1936 en la misma materia, que, como se ha apuntado, sustrajo de la acción de los tribunales a los partidarios del Nacionalsocialismo y amplió la discrecionalidad del Ministerio Público para ejercer acciones penales.[291]

El estallido de la Segunda Guerra Mundial permitió profundizar en las características de la legislación penal existente, que implicaron penas draconianas al margen del Principio de Proporcionalidad, junto con medidas dirigidas a la 'reintegración' del delincuente en la *Volksgemeinschaft,* enfocadas desde la Prevención Especial Positiva.[292] No obstante, se abrió la 'licencia para la barbarie'[293] al ordenarse la aplicación de políticas

---

289   Llobet Rodríguez, J; *op. cit,* p. 160-197.

290   Existió, durante el gobierno socialdemócrata en la República de Weimar, un proyecto de ley de contenido similar en materia de medidas de seguridad.

291   Llobet Rodríguez, J; *op. cit,* p. 169-172.

292   El desarrollo de este Derecho Penal 'de guerra' se hizo efectivo con la integración en el Ordenamiento Jurídico de una nueva producción normativa, entre la que cabe destacar las Ordenanzas del 4 de septiembre de 1939 (sobre la Economía de Guerra), del 17 y 26 de agosto de 1939 (relativas al Derecho Penal de Guerra) y del 25 de agosto de 1944 (para el aseguramiento de los esfuerzos de guerra totales). El Derecho Penal del Menor también sufrió cambios con el conflicto, los cuales se materializaron en la Ordenanza del 10 de septiembre de 1941, que permitió la pena de Prisión Indeterminada, viniendo así a completar la homologación con el Derecho penal para Adultos operado por la Ordenanza del 4 de octubre de 1939. *Ibíd,* pp. 193-204.

293   Kershaw, I; *op. cit,* pp. 673-714.

de asesinato en masa en Polonia[294] y los territorios de la Unión Soviética ocupados, mayoritariamente ejecutadas por los *Einsatzgruppen*, fuerzas policiales creadas por Reinhard Heydrich (1904-1942), jefe de la Oficina Central de Seguridad del Reich (RSHA) y mano derecha de Himmler, con el objetivo de llevar a cabo el exterminio físico de las 'Clases instruidas' polacas y de los judíos, por medio de la puesta en marcha de matanzas gran escala autorizadas por Hitler.[295] La Guerra en el Este, y más concretamente, la Guerra contra la Unión Soviética, planificada desde el primer momento como una Guerra de Exterminio,[296] constituyó el paso fundamental e indispensable en la escalada de violencia, puesto que a partir de entonces, ya definitivamente, se rompió con todas las ataduras legales y 'morales' que pudieran quedar para lanzarse a la aniquilación completa, absoluta y definitiva de los grupos étnicos, sociales y nacionales que el nacionalsocialismo había identificado como 'enemigos objetivos' o, al menos, incompatibles con su visión del mundo y con los propósitos últimos de su guerra social-racial.

Esto afectó especialmente a los judíos. El *Holocausto* está inextricablemente unido a lo sucedido en el Este.[297] Debe recordarse

---

294   La GESTAPO y el NKVD (*Naródny Komissariat Vnútrennij Del*), el Comisariado del Pueblo para Asuntos Internos soviético, llevaron a cabo una política de colaboración, intercambio de prisioneros y operaciones conjuntas. Faraldo, J.M; *Las redes del terror. Las policías secretas comunistas y su legado,* Barcelona, 2018, pp. 91-2. El diplomático alemán Hans vonHerwarth (1904-1994) comentó al respecto: *«Obviamente están encantados de poder colaborar al fin. :Pero, ojo: Será desastroso, especialmente cuando comiencen a intercambiarse expedientes».*Véase Lozano, A; *Stalin, el tirano rojo,* Madrid, 2012, p. 300.

295   Snyder, T; *op. cit,* pp. 153 y ss.

296   Rees, L; *Una Guerra de Exterminio. Hitler contra Stalin,* pp.31-35.

297   El 'Genocidio de raza' estuvo basado en el 'Genocidio de clase'. Himmler, en un memorándum de 1940, *Reflexiones sobre el tratamiento de los pueblos de raza no germánica del Este,* señaló que, una vez contemplada la emigración como solución al 'problema judío', un estudio detenido de las instituciones concentracionarias soviéticas y la copia de muchos de sus elementos abrió una nueva perspectiva: por medio del empleo de los métodos de Stalin, era posible alcanzar el exterminio de millones de personas. Pellicani,L; *op.cit,* p. 61.Los comunistas

que su deportación y eliminación, aunque inconcreta, ya estaba prevista en el *General plan Ost*, de manera que los asesinatos de judíos llevados a cabo por los *Einsatzgruppen* en los territorios de la Unión Soviética, que pasaron a incluir a mujeres y a niños, supuso una escalada más en el genocidio.[298] La práctica inviabilidad de la utopía genocida nacionalsocialista contemplada en el Plan General del Este, entre otras cosas, debido al desarrollo adverso de la guerra en esta zona, motivó que tuviera que ser reformulada varias veces. Inicialmente, la previsión era que, una vez destruida la Unión Soviética, los judíos fueran trasladados a sus territorios para trabajar en régimen de esclavitud hasta la muerte y/o deportados más allá de los Montes Urales. Pero una vez que la dada por hecho 'victoria relámpago' sobre la URSS se evaporó, hubo que volver a replantear la cuestión.[299]El 'Plan del Hambre' fue reconfigurado, y si bien millones de eslavos murieron por esta causa y algunas ciudades, como Kiev o Leningrado, fueron

soviéticos, en efecto, ya habían llevado a cabo antes que los nacionalsocialistas políticas de exterminio en masa, como se puso de manifiesto, entre otras actuaciones, en el *Holodomor*, el exterminio por hambre (y por otros medios) de millones de ucranianos entre los años 1931 y 1934 en el contexto de la Colectivización soviética. Véase Applebaum, A; *Hambruna roja. La guerra de Stalin contra Ucrania,* Barcelona, 2019.

298   Kershaw, I; *Hitler, los alemanes y la Solución Final,* Madrid, 2009, pp. 184 y ss.

299   Snyder, T; *op. cit,* pp. 227-228. Excede de los contornos de esta obra detenerse en los pormenores del Holocausto. Sin embargo, por la importancia que tuvo como muestra de un 'Derecho Penal inmaterial', apegado a la 'Voluntad del Führer' y al 'sano sentimiento del pueblo', es preciso apuntar algunas cuestiones. La Solución Final al 'problema judío' pasó por diferentes formulaciones antes de acordarse el exterminio físico, literal e industrializado. Al principio se concibió el Plan Lublin, que se desechó en noviembre de 1939 y que se proyectó como una 'reserva' de judíos en el Gobierno General de la Polonia Ocupada; después se descartó en febrero de 1940 la Deportación a la Unión Soviética durante el período en que ésta y Alemania fueron aliadas, por la negativa de Stalin; posteriormente también se archivó el Plan Madagascar en noviembre de 1940, que previó otra 'reserva' en la isla francesa; y finalmente, el fracaso en invierno de 1941-1942 de la Operación Barbarroja, que no consiguió poner fuera de juego a Stalin. Fue esta serie sucesivas de replanteamientos, y el fracaso militar, el que llevó a la formulación definitiva de la Solución Final que el mundo conoce.

sometidas a la muerte por inanición, hubo que abandonar todo lo demás. El fracaso militar en Moscú fue el punto de inflexión,[300] porque a partir de entonces la guerra sería, ya sí definitivamente, una 'Guerra contra los Judíos'. Y constituyó el reconocimiento implícito de que la guerra estaba perdida, por cuanto implicó la renuncia al Plan General del Este que necesariamente requería controlar los vastos territorios soviéticos que, al concebirse el exterminio físico de los judíos como Solución Final, se asumió que nunca llegarían a estar en poder de los nacionalsocialistas. Los eslavos trabajarían como esclavos en vez de ser eliminados y los judíos morirían hasta no quedar ni uno.[301]

La singularidad del *Holocausto* se trasladó al terreno legal. Estuvo fuera de toda legalidad —incluso de la legalidad nacional-socialista—y careció de regulación alguna. Fue, en exclusiva, la máxima expresión de las 'vías de hecho' en detrimento de las 'vías de derecho' preferidas por el Tercer Reich.[302] *Göring dio el 31 de Julio de 1941 a Heydrich autorización formal para implementar la Solución Final, pero todavía se jugaba con la* deportación y la esclavitud, aunque se contempló la eliminación física de los judíos 'inservibles' para el trabajo. Todo lo que vino después, incluidas las instrucciones de *deportación* o de *reasentamiento* (eufemismos para referirse al asesinato en masa), estuvieron fuera del marco legal. De hecho, ni siquiera se llegó a configurar un marco legal-penal paralelo, como sí ocurrió con las actuaciones de la policía o el asesinato de los 'enfermos incurables', sino que se situó en un limbo jurídico inubicable desde el punto de vista legal.

A la par, la legislación discriminatoria contra los judíos siguió su propio camino, curiosamente, de manera paralela, al margen del exterminio en cámaras de gas. *Ésta se concentró en la conti-*

---

300   Véase Jones, M; *La Retirada. La Primera Derrota de Hitler,* 2012, Barcelona, pp. 353-362.

301   *Ibíd,* pp. 250-263.

302   Llobet Rodríguez, J; *op. cit,* pp. 83-89.

nuación de las prohibiciones escalonadas que ya venían sufriendo, que incluyeron el toque de queda, la negación de las cartillas de racionamiento, la identificación por medio de distintivos externos, la incautación de los bienes de los judíos deportados, prohibición de la utilización del transporte público, de tenencia de animales domésticos, de utilización de servicios de peluquería, de compra de tabaco, de venta a judíos de alimentos de primera necesidad, la obligación de entrega de bienes de uso doméstico, incluso de imposibilidad de venta de periódicos y de préstamos de libros en las bibliotecas.[303] Se creó, además, en materia Procesal-Penal, por la Disposición complementaria nº 13 (1 de julio de 1943) de la Ley de la ciudadanía alemana, una jurisdicción paralela para los judíos como apéndice de otra jurisdicción paralela a su vez, la de la Policía. Los delitos relativos a los judíos se sustraían a la acción de los Tribunales de Justicia para ser en exclusiva tratados por la jurisdicción policial, incluyendo en sus artículos 2 y 3 dos cláusulas especiales: la primera, que a la muerte del judío sus bienes pasarían a ser titularidad del Estado; y la segunda, que el Ministerio del Interior sería el encargado de dictar las normas complementarias de carácter administrativo a esta disposición.[304] Ya el 30 de junio de 1943 se estableció que el Procedimiento Penal se daría tan sólo en caso de que así lo indicara la Policía, y cuando estuviera garantizada la Pena de Muerte.[305]

La Guerra trajo, como se puede comprobar, la aparición de nuevos sistemas legal-penales y legal-procesales distintos de los existentes hasta el momento que un tuvieron cabida dentro de una legalidad racionalizada.[306] El régimen nacionalsocialista abandonó deliberadamente cualquier concepto de racionalidad

---

303   Hillers de Luque, S; *op.cit*, pp. 96-99.

304   *Ibíd*, p. 99.

305   Llobet Rodríguez, J; *op. cit*, p. 423.

306   Se llegó a crear, incluso, un Derecho Penal especial y específico para Polonia en 1940. Muñoz Conde, F; *Edmund Mezger y el Derecho Penal de su tiempo. Estudios sobre el Derecho Penal en el Nacionalsocialismo,* p. 176. Esta especificidad se mantuvo también en relación a los judíos polacos, cuando por la Orden Minis-

legal que pudiera concebirse. En consecuencia, la aparición por doquier de estos 'sub-sistemas' y su solapamiento fue algo perseguido por las diferentes autoridades de las cuales emanaban dichas iniciativas. Ésta fue una de las razones por las que no pudieran resultar plenamente efectivos para la tarea para la que, al menos teóricamente, habían sido previstos, amplificando aún más la necesidad de acudir a las 'vías de hecho' para resolver el caos legal. Lo que parece confirmar que este caos burocrático-legal fue previsto así precisamente para subvertir cualquier tipo de vinculación efectiva con las leyes y que, en consecuencia, debieran ser las autoridades policiales o plenipotenciarias las que proporcionaran soluciones de hecho y no legales a las situaciones que se presentaban. Paradigmático de esta dinámica fue el Decreto *Noche y Niebla(Nachtund Nebel-Erlass)*, de 1941, que permitió el secuestro, la desaparición y la deportación a Alemania de aquellas personas que fuesen sospechosas de resistencia contra la Ocupación o que 'pusieran en peligro la seguridad'.[307] Estos sujetos no fueron sometidos nunca a un Proceso contradictorio, ni mucho menos se les informó de los cargos que, en su caso, se hubieren formulado contra ellos, ni de los motivos de su detención.

Las regulaciones procesales-penales siguieron una dirección similar a la del propio Derecho Penal. Así, el Proceso Penal nacionalsocialista se caracterizó por la restricción de los derechos del imputado, la agilización del mismo con el objetivo primordial de obtener la condena del imputado para extirparle de la Comunidad y el anti-formalismo.[308] El Principio del Führer adquirió

---

terial del 26 de octubre de 1939 se establecieron los trabajos forzados para ellos, bajo la responsabilidad de Himmler. Hillers de Luque, S; *op.cit*, p. 96.

307   Sánchez Muñoz, C; *Hannah Arendt: Hacia una fenomenología del totalitarismo* en Blázquez Ruiz, F.J; *Nazismo, Derecho, Estado*, Madrid, 2014. pp. 272-273.

308   En este mismo sentido se expresó Lenin en una carta del 17 de mayo de 1917 al Comisario de Justicia de su Gobierno: *«Poner abiertamente de relieve una tesis de principio, justa en el plano político (y no sólo en sentido estrictamente jurídico) que motiva la esencia y la justificación del terror, su necesidad y sus lími-*

aquí dos vertientes: primera, el Führer es el Juez máximo, no sujeto a limitaciones jurídicas; segunda, los poderes judiciales se concentran en una sola persona, el Presidente del Tribunal, que actúa como el 'Führer del Proceso', como se puso de manifiesto a la hora de vincular con esta figura la potestad para decidir exclusivamente sobre la Prisión Preventiva.[309] Este se extendió en los casos de peligro de reiteración delictiva y agitación pública con la aprobación de la Ley del 28 de junio de 1935,[310] eliminándose el Procedimiento de control de la misma (Ley del 24 de abril de 1934), permitiéndose al Tribunal elevar la pena del apelante (Ley de 28 junio de 1935), prohibiéndose la impugnación de las resoluciones del Tribunal del Pueblo y de los Tribunales Especiales, y limitando el deber de fundamentar las Sentencias.[311]En definitiva, el rol del Juez en el Derecho Penal Nacionalsocialista implicó el rechazo del formalismo, aunque no de las formas características de la ideología. El Juez se sujeta a la 'Voluntad del Führer', de la que es un instrumento vehicular de su materializa-

---

tes. El tribunal no debe eliminar el terror; prometerlo significaría engañarse a sí mismos o engañar a los demás; hay que justificarlo y legitimarlo en el plano de los principios, claramente, sin falsedad y sin adornos. La formulación debe ser lo más larga posible, porque sólo la justicia revolucionaria y la conciencia revolucionaria decidirán las condiciones de aplicación práctica más o menos amplia.» Cit. en Pellicani, L; *op.cit,* p. 60. Es menester tener presente que el propio Lenin (Vladímir Ilich Uliánov. 1870-1924) fue jurista, recibiendo el título equivalente a Doctor en Derecho en enero de 1882. Véase Díez del Corral, F; *Lenin. Una biografía,* Madrid, 2003, pp. 64-5.

309   Llobet Rodríguez, J; *op. cit,* pp. 359,375-378.

310   *Ibíd,* p. 402. Lo que pervivió durante la República Federal de Alemania.

311   *Ibíd,* pp. 404-9. El Principio de Proporcionalidad fue totalmente yugulado, existiendo el cauce para poder condenar al imputado sin Juicio Oral, e incluso al rebelde o al ausente. Por la Ordenanza del 21 de Febrero de 1940 se instauró el Procedimiento Acelerado y, en 1943, se limitó el Juicio Oral. Estas tendencias ya estuvieron presente durante la República de Weimar. Se constata que no existió una solución de continuidad total entre esta cultura jurídica y la creada por el nacionalsocialismo, ni entre esta y la que se configuró durante la República Federal. Muchas más semejanzas existieron en la RDA (República Democrática de Alemania). Romeike, S; *op. cit,* pp. 18 y ss.

ción. Desde esta perspectiva, hablamos de jueces políticos que encarnan la *idea del pueblo sobre el derecho*. Y que gozan, por tanto, de autonomía decisoria y de libertad creadora sólo dentro del marco ideológico nacionalsocialista.[312]

Los Tribunales Especiales nacionalsocialistas fueron establecidos por la Ordenanza del 21 de marzo de 1933 como desarrollo de la Ley del 6 octubre de 1931 (lo que implica que los Tribunales Especiales ya existían en la República de Weimar) y para entender de los delitos contemplados en la Ordenanza para la protección del Pueblo y del Estado, de naturaleza política. El Tribunal del Pueblo (*Volksgerichtshofl*) surgió al albur de la Ley del 24 de abril de 1934, que reformó el Código Penal, con competencia para entender de delitos políticos graves, traición y lesa patria, siendo sus miembros nombrados por el canciller y su presidente por el Ministerio de Justicia, y sus sentencias inapelables.[313] Su proceder estuvo caracterizado por la eliminación de la capacidad de defensa del imputado, limitando la Práctica de la Prueba. El abogado defensor sólo debía luchar por los intereses de su representado en la medida en que estos coincidieran con los de la Comunidad y, además, en los procedimientos seguidos[314] ante el Tribunal Popular, aquél debía ser escogido de acuerdo con la autorización del presidente del Tribunal. No sólo eso, sino que se rechazó el Principio de Inocencia asumiendo la certeza de que el sujeto había cometido todos o algunos de los hechos que se le imputaban (Ordenanza del 28 de junio de 1935),[315] el Principio *ne bis in ídem* (Ley del 16 de septiembre de 1939 y Ordenanzas del 21 de febrero de 1940 y del 29 de Mayo de 1943),[316] y el Principio de Igualdad de Armas, por cuanto se eliminó la Pre-Instrucción en los Tribunales Especiales y del Auto de Apertura de Juicio, a

---

312   Ambos, K; op, cit, pp. 174-178.
313   Hillers de Luque, S; *op.cit,* pp. 101, 108-109.
314   Llobet Rodríguez, J; *op. cit,* pp. 397-399.
315   *Ibíd,* p. 389.
316   *Ibíd,* p. 409-410.

la par que se fortaleció la posición del Ministerio Público, gozando de la capacidad de acusar sin que el Juez comprobara sus fundamentos, ordenar medidas coercitivas por su propia iniciativa, y revocar la acusación antes del Juicio cuando esta no fuera útil para la protección de la Comunidad.[317]

Los procesos penales durante el nacionalsocialismo quedaron claramente ejemplificados en los que derivaron del Atentado contra Hitler el 20 de julio de 1944, de los que fue competente el Tribunal del Pueblo, presidido por Ronald Freisler, otro de los miembros del NSDAP procedente de la izquierda radical y conocido como *'juez de la horca'*, fue considerado por Hitler como *'nuestro Vyshinsky.'*[318]Con una sentencia decidida de antemano, el espectáculo giró en torno al insulto, la humillación y la degradación más lacerante de los acusados, a los que no se permitió expresarse durante el proceso ni se les dejó posibilidad alguna de alegar nada en su defensa. Habían sido torturados antes de 'comparecer' en sala, apareciendo en ella con ropas raídas por orden del Tribunal, sin tirantes ni cinturones, de manera que debían sostenerse los pantalones con la mano cuando estaban de pie. Los gritos y los desprecios de Freisler constituyeron un material privilegiado para el 'documental' propagandístico *Traidores ante el Tribunal del Pueblo*, y aun así algunos de los acusados se enfrentaron al tribunal.[319] El general Erich Fellgiebel (1886-1944)

---

317   *Ibíd*, p. 379-386. Leyes del 24 de abril de 1934 (relativa al Tribunal del Pueblo) y del 28 de junio de 1935. Ordenanzas del 21 de marzo de 1933 (relativa a los Tribunales Especiales), del 13 de agosto de 1942 y del 13 de diciembre de 1944. Disposición del Führer del 21 de marzo de 1942.

318   En referencia a AndreiVyshinsky, fiscal jefe de la URSS y protagonista de los Juicios-Espectáculos durante el Gran Terror estalinista. Kershaw, I; *Hitler. La biografía definitiva*, p. 1077. Vyshinsky sostuvo una concepción del Derecho similar a la de Freisler: «*Por primera vez en la Historia, las disposiciones jurídicas coinciden con principios morales, porque el Derecho soviético encarna la voluntad del pueblo*». Cit. en Lozano, A; *Stalin, el tirano rojo*, p. 127.

319   Para una muestra de lo que fue el Proceso de la mano de Freisler, consúltese http://footage.framepool.com/es/shot/880353543-josef-wirmer-roland-freisler-ulrich-wilhelm-graf-schwerin-proceso-espectacular

espetó a Freisler: *«Entonces dese prisa con el ahorcamiento, señor presidente, si no lo hace es posible que le cuelguen a usted antes que a nosotros»*. Y el general Erwin von Witzleben (1881-1944) expresó su famosa frase: *«Puede entregarnos al verdugo. En tres meses el pueblo furioso y atormentado le pedirá cuentas y le arrastrará por la mugre de la calle»*.[320] Hitler había dejado claro ya cuál iba a ser el resultado del proceso: *«Yo quiero que sean colgados, colgados como reses de matadero»;*[321] *y así fue: se les colgó sobre ganchos para carne con cuerdas de* piano con el propósito de prolongar su agonía, y sus ejecuciones fueron filmadas para deleite posterior de los jerarcas nacionalsocialistas, incluyendo al Ejército.[322]

Y es que el Ejército, contrariamente a la visión propalada en la Alemania de posguerra de que la *Wehrmacht* había sido 'honorable' en contraposición a las sanguinarias SS, participó en los crímenes nacionalsocialistas, cuando no los ejecutó él mismo. Estos crímenes incluyeron la colaboración con los *Einsatzgruppen* en las matanzas en masa de judíos,[323] incluyendo la de *Belaya Tserkov* y la de *Babi Yar*, en Ucrania, una las más atroces y que estuvo dentro de la responsabilidad del VI Ejército, que sucumbiría en invierno de 1942-1943 en la ciudad de Stalingrado.[324] De la misma manera, fue la *Wehrmacht* la que suscribió la lógica genocida de provocar la muerte por inanición de la población civil durante el sitio de Leningrado (1941-1944, la actual ciudad de San Petersburgo)[325] y la de millones de prisioneros de guerra soviéticos que estaban bajo su responsabilidad.[326] El restablecimiento de la Jurisdicción Militar por medio de la Ley del 12 de mayo

---

320   Kershaw, I; *Hitler. La biografía definitiva,* pp. 1080-1081.

321   Lozano, A; *La Alemania Nazi (1933-1945),* p. 229.

322   Lacosta, X; *op. cit,* p. 49.

323   Snyder, T; *op. cit,* pp. 243-245.

324   Beevor, A; *Stalingrado,* Barcelona, 2000, pp. 58-61.

325   Jones, M; *El sitio de Leningrado. 1941-1944,* Barcelona, 2008, pp. 33-68.

326   Rees, L; *Una Guerra de Exterminio. Hitler contra Stalin,* pp.59-64.

de 1933[327]trajo consigo el desarrollo de un Proceso militar-penal y una modificación del propio Código Penal en este sentido por medio de las Ordenanzas del 17 de agosto de 1938, del 1 de Noviembre de 1939 y del 11 de enero de 1945, y de la Ley del16 de septiembre de 1936, creándose un Código Penal Militar en 1940. Esta jurisdicción fue, en muchos casos, más dura incluso que la civil, cuyas condenas a muerte alcanzaron un porcentaje altísimo de ejecución, especialmente si se compara a estos tribunales con sus homólogos aliados.[328] Fue la Jurisdicción Militar la que se encargó de la represión de la población en los Territorios Ocupados, para lo cual se instrumentó una Orden a tal efecto por el Mariscal Wilhelm Keitel (1882-1946) el 16 de septiembre de 1941, que completaba un Decreto relativo a la *Operación Barbarroja* a tenor del cual se sustrajo de esta jurisdicción los actos punibles dirigidos contra civiles no alemanes en los territorios bajo ocupación militar.El 26 de junio de 1943 Hitler emitió una Orden para el establecimiento de un Tribunal encargado de Consejos de Guerra Especiales, competente para enjuiciar delitos políticos dentro de las Fuerzas Armadas, completada a su vez con una Ordenanza del 15 de febrero de 1945 que contempló un Consejo compuesto por un juez, un dirigente político y un oficial del Ejército, de las *Waffen SS* o, en todo caso, un policía, con el cometido de poner en marcha un Procedimiento acelerado y carente de garantías.[329]

A ello debe sumársele la creación el 9 de marzo de 1945 de los Tribunales Itinerantes o Móviles (*FliegendeGerichte*) por órde-

---

327   Hillers de Luque, S; *op.cit,* p. 105.

328   Tras el atentado contra Hitler del 20 de julio de 1944 se creó un Tribunal de Honor —del que formó parte, además, Heinz Guderian (1888-1954), el famoso comandante alemán durante la Segunda Guerra Mundial y uno de los padres intelectuales de la *Guerra Relámpago*— para expulsar del Ejército a los oficiales sospechosos de haber formado parte del complot, que luego fueron juzgados y ejecutados por el Tribunal del Pueblo de Freisler, como dispuso Hitler por medio de una Orden el 20 de septiembre de 1944. Rees, L; *El oscuro carisma de Hitler*, pp. 256-7.

329   Llobet Rodríguez, J; *op. cit,* pp. 415-422.

nes de Hitler y responsables exclusivamente ante él personalmente, con capacidad para enjuiciar a miembros del Ejército y de las *Waffen SS* sin distinción de rango por medio de procesos sumarísimos y a completa discrecionalidad del presidente del Tribunal, siempre el oficial de mayor rango en el seno del mismo.[330] Lo cierto es que el cometido de estos tribunales no era llevar a cabo proceso conservando siquiera una mínima garantía procesal, sino ejecutar a quienes cayeran en sus manos. Incluso al final de la contienda en Berlín, Hitler ordenó a estos 'tribunales' colgar a los supuestos desertores de las farolas de las calles con carteles en los que se leyera: *'Yo no he querido defender a las mujeres y niños de Berlín'.*[331]

Se comprueba que la producción legal-penal del Nacional-socialismo materializó los presupuestos tanto ideológicos como dogmáticos inherentes a esta visión del mundo. Ello se trasladó de la misma manera a Derecho Procesal-Penal, que mimetizó las características del Derecho Penal e, incluso en determinados aspectos, fue regulado conjuntamente. Con todo, su emanación y su legitimidad fueron tan caóticas como la estructura político-legal que las produjo. Ello porque las leyes penales y procesal-penales del Tercer Reich estuvieron nutridas por una finalidad 'de combate'. En efecto, este Derecho Penal 'de combate' sólo constituyó un medio más, como cualquier otro, para materializar la revolución social-racial nacionalsocialista. No se olvide que, aquí, el Derecho no es lo que figura en la ley formal o un conjunto abstracto de normas de ser y de proceder en una disciplina científica, sino que, en hostilidad manifiesta a todo ello, Derecho equivale a 'sano sentimiento del pueblo', es decir a 'voluntad del Führer, es decir a Volksgemeinschaft o 'Comunidad Popular'. En base a esto, la legislación positiva sólo se desarrolló en tanto y en cuanto era útil para la consecución de los fines de la utopía nacionalsocialista, siendo desechada cuando

---

330   *Ibíd.*

331   Lacosta, X; *op. cit,* pp. 52 y 55.

no era así. Todos los cuerpos legales analizados tienen en común que alojan normas en materia penal que podían y en efecto eran superadas por la praxis de las autoridades -tanto de las que eran competentes como las que no- en el desarrollo de sus funciones o en la puesta en marcha de las indicaciones que daba el Führer. Las 'vías de hecho' superaron al contenido de las leyes, aunque estas fueran funcionales, dinámica que se amplió con el inicio de las hostilidades en la Segunda Guerra Mundial, y de la que son representativas el vacío legal que rodeó a la implementación de la Solución Final al 'problema judío', y al marco a-legal, para-legal, semi-legal o directamente i-legal en que se movieron otras políticas genocidas como el asesinato de eslavos y gitanos, las acciones de Eugenesia o la eliminación de los 'Extraños a la Comunidad'.

IV

CONCLUSIONES

El Nacionalsocialismo alemán constituyó una ideología política revolucionaria que forjó un potente movimiento de masas que alcanzó una envergadura tal que ha definido la Historia del siglo XX, así como la universal. Existe un antes y un después de la Revolución Nacionalsocialista de 1933, como también existe después de la Revolución Francesa de 1789 y de la Revolución Rusa de 1917. Sus planteamientos aunaron el socialismo revolucionario con un nuevo tipo de nacionalismo vitalista y a la vez biológico-racial, que buscó sus raíces no en la tradición conservadora sino en el paganismo germano-nórdico. Su objetivo no fue una vuelta a lo antiguo, sino un salto cualitativo y cuantitativo hacia adelante que superara todas las convenciones morales humanas asumidas hasta el momento y reajustara el 'mapa racial' de la humanidad por medio de la eliminación de los grupos incompatibles con su visión milenarista. Una visión para la que el individuo era insignificante y que tan sólo era contemplado como un mero engranaje dentro de una maquinaria más grande que él mismo, la *Volksgemeinschaft* o 'Comunidad Popular', a la que todo, sin excepción, estaba supeditado, y cuya voluntad única y unitaria a la vez era materializada por el *Führer* Adolf Hitler.

Sólo dentro de la *Volksgemeinschaft* podía existir el Derecho, que, en la concepción del mundo nacionalsocialista, no equivalía a una ciencia o a un conjunto de normas, sino al *Volk* mismo, lo que significa que el 'bien jurídico' supremo lo constituyó el 'sano sentimiento del pueblo'. La 'lógica jurídica', tal y como es entendida por la inmensa mayoría de juristas actualmente, desapare-

ció. Tenía que desaparecer desde el mismo momento en que el
Nacionalsocialismo se propuso acabar con toda la herencia que
al mundo legó el Derecho Romano y la Revolución Francesa,
que colocó al Individuo en el centro del universo antropológi-
co, relativizando la esencia de la Comunidad en consecuencia.
Esta debía volver a donde siempre debió estar, y para ello era
imprescindible anular todas las abstracciones que caracterizan a
la Ciencia Jurídica misma. El *Derecho* es el *Pueblo,* y el Pueblo es
el *Führer.* El Estado del Führer nace como antonimia explícita
al Estado de Derecho, preso de esas abstracciones anti-naturales
y anti-vida, enemigas del progreso de la Humanidad y tan sólo
productoras de una cultura que amordaza la voluntad de afirmación existencial de la nueva, joven e impetuosa Comunidad que
lucha por abrirse paso y ocupar su lugar.

El Derecho Penal tradujo todas estas mistificaciones lapidan-
do consecuentemente todas las nociones de garantías de los derechos individuales que en la legalidad pre-existente al Nacionalsocialismo había en Alemania. Fue un reflejo particular de lo que
sucedió en todo el sistema legal en general. El Estado racional
fue reemplazado por una PolicraciaNeofeudal deliberadamente
caótica y desorganizada, incapaz de generar un sistema legal coherente, cuya auténtica Constitución la constituyó las relaciones
de poder entre los grupos dominantes entre sí y con los sátrapas
nacionalsocialistas. El eje común de esta anarquía administrativa
fue la voluntad del Führer, máxima fuente del Derecho y frente
a la cual cedían todas las demás. El mismo Tercer Reich fue una
anomalía jurídica, por cuanto la Constitución de la República de
Weimar nunca fue formalmente derogada, lo que implicó que el
Estado del Führer fuera un 'Estado de excepción' permanente a
la legalidad constitucional. Con estos mimbres el Derecho Penal,
junto con los juristas que pasaron a servir al nuevo estado de
cosas, se aplicó en desmontar capa a capa todas las convenciones jurídico-penal-procesales existentes y a dinamitar los cuerpos
legales que los recogían, generando a su vez otros nuevos que,
amparados la aparición de sub-sistemas al margen de la nueva le-

galidad, violaban sus esferas de competencia o que se solapaban entre sí.

En todo caso, el desprecio atávico por el Derecho de la ideología nacionalsocialista llevó que los hechos siempre fueran más importantes que las leyes, y que los primeros determinaran a las segundas, y no al revés, como es *conditio sine qua non* en el Estado de Derecho. Tanto es así que algunas de sus políticas más icónicas y a la vez brutales, como el exterminio de los judíos, los gitanos, los eslavos o los 'extraños a la comunidad' se ejecutaron en un limbo jurídico o por medio de instrumentos legales que a su vez violaban la propia legalidad formal nacionalsocialista. Si algo destaca dentro del análisis del Nacionalsocialismo y del Derecho Penal que produjo fue el carácter instrumental y para nada esencial de que se le dotó. La producción legal-penal sólo existió en la medida en que era útil para materializar los ideales políticos o la voluntad de los dirigentes, pero jamás operó como una entidad que, por sí misma, pudiera limitar a quienes la aplicaban ni a los sujetos que regulaba, tanto que sólo sirvió como canal para eliminar del espacio vital a los grupos o individuos molestos o incompatibles con los valores de la 'Comunidad Popular' y, si acaso, para ofrecer una suerte de amparo 'legal' a las actividades de la policía y de los Servicios del Seguridad del Estado. Por ello, una mirada siquiera rápida a toda esta producción normativa permite constatar con celeridad que se trata de normas dirigidas a la disolución de los conceptos jurídicos básicos, tales como el Bien Jurídico o la Persona Jurídica, los principios generales del Derecho y, en definitiva, de todo lo que permite que el Derecho pueda ser considerado 'Derecho'. De ahí la inexistencia o tergiversación de nociones abstractas que repugnaban al nacionalsocialismo como la Antijuridicidad, la Culpabilidad o la construcción del Delito por medio de la anuencia entre el Tipo Subjetivo y el Tipo Objetivo, en pos de la eliminación de los elementos formales y de la consecución de una visión exclusivamente Material del Delito, con un anti-positivismo militante que convirtió al Derecho Penal, junto a la legislación *P*rocesal aneja, en papel mojado, puro instrumento ideológico de una causa existencial al servicio de la voluntad de una de las dictaduras más personalistas y asesinas que ha visto la humanidad.

Esta es la lección que debemos sacar. Las legitimidades extra-legales que no vayan dirigidas a la constitución o a la mejora del Estado de Derecho ni siquiera pueden ser contempladas como una opción a considerar. En unos tiempos en que el populismo punitivo es empleado por los animales políticos aviesos para ganar e imponer sus propias visiones ajenas a las garantías penales y procesales de los ciudadanos, no es posible ignorarla. Como tampoco es posible ignorar la naturaleza criminal de determinadas ideologías que, por mucho que intenten ser blanqueadas por una propaganda bien instrumentalizada, criminales son. Por ello, no puede existir un 'buen' Nacionalsocialismo, un 'buen' Comunismo o un 'buen' Yihadismo. Se trata de visiones criminales *per se*, en su más íntima esencia, que deben ser combatidas con todas las armas de que puede valerse el Estado de Derecho, pero nunca con aquellas que supongan traspasar esta frontera. El Derecho Penal no es ni puede ser nunca un instrumento político en manos de una voluntad caprichosa, arbitraria y absoluta para violar los derechos y las libertades, para criminalizar a grupos enteros o para que, escudándose en la Seguridad, se establezcan leyes discriminatorias o que destruyan las garantías procesales para satisfacer el 'sano sentimiento del Pueblo'. Las consecuencias, siempre, sin excepción, serán las mismas. Éste es el aviso.

BIBLIOGRAFÍA Y FUENTES

REFERENCIAS BLIBLIOGRÁFICAS

AGUILAR BLANC, C; 'Los orígenes iusnaturalistas de la filosofía jurídica nacionalsocialista en la obra política escrita de Adolf Hitler y Alfred Rosenberg', *Revista Internacional de Pensamiento Político - I Época - Vol. 8 - 2013 - [187-210] - ISSN 1885-589X.*

AMBOS, K; *Derecho penal nacionalsocialista. Continuidad y Radicalización,* Valencia, 2020.

APPLEBAUM, A; *Hambruna roja. La guerra de Stalin contra Ucrania,* Barcelona, 2019.

BEEVOR, A; *Stalingrado,* Barcelona, 2000.

BELLAMY, C; *Guerra Absoluta. La Rusia Soviética en la Segunda Guerra Mundial: una Historia Moderna,* Barcelona, 2011.

BLÁZQUEZ RUIZ, J.J; 'Fundamentos biológicos del derecho nacionalsocialista'en Blázquez Ruiz, F.J; *Nazismo, Derecho, Estado,* Madrid, 2014.

CASTRO, D; *Robespierre. La virtud del monstruo,* Madrid, 2013.

CATTANEO, MARIO A; 'Carl Schmitt y Roland Freisler: La doctrina penal del Nacional-Socialismo'en *Homenaje al Dr. Marino Barbero Santos: «in memorian» / coord. por Luis Alberto Arroyo Zapatero, Ignacio Berdugo Gómez de la Torre; Marino Barbero Santos (hom.), Vol. 1, 2001, ISBN 84-8427-139-0, págs. 145-152.*

CHAPOUPOTOT, J; *La revolución cultural nazi,* Madrid, 2018.

DE BENOIST, A; *Comunismo y nazismo. 25 reflexiones sobre el totalitarismo en el siglo XX (1917-1989),* Barcelona, 2005,

DÍEZ DEL CORRAL, F; *Lenin. Una biografía,* Madrid, 2003.

ENGELS, F; *Hungría y el Paneslavismo* en *Los nacionalismos contra el proletariado,* Barcelona, 2008.

_____ *Paneslavismo democrático* en *Los nacionalismos contra el proletariado,* Barcelona, 2008.

ESTEVE PARDO, J; 'La doctrina alemana del Derecho Público durante el régimen nacionalsocialista', *Revista Española de Derecho Constitucional Año 23. Núm. 67. Enero-Abril 2003.*

FARALDO, J.M; *Las redes del terror. Las policías secretas comunistas y su legado,* Barcelona, 2018.

FERNÁNDEZ MARTÍN, J; *Hitler. El artista del mal,* Córdoba, 2012.

FURET, F. Y NOLTE, E; *Fascismo y comunismo,* Madrid, 1999.

GARCÍA AMADO, J.A; 'Nazismo, Derecho y Filosofía del Derecho', *Anuario de Filosofía del Derecho VIII (1991) 341-364.*

GONZÁLEZ CUEVAS, P.C;'La trayectoria de un recién llegado. El fracaso del fascismo español', Del Rey, F (Coord.); *Palabras como puños. La intransigencia política en la Segunda República española,* Madrid, 2011.

GRASS, G; *A paso de cangrejo,* Madrid, 2003.

GÓMEZ LAND, J; 'La filosofía del Derecho penal como marco para la conexión entre la filosofía política y las disciplinas penales', *InDret. Revista para el análisis del Derecho. Barcelona, Julio de 2018.*

HILLERS DE LUQUE, S; *Nazismo y Comunismo,* Madrid, 2016.

HITLER, A; *Mi Lucha,* Madrid, 2016.

HOYER, A; 'Ciencia del Derecho penal y nacionalsocialismo', *Revista Penal, n. º 23. Enero 2009.*

HÜTTENBERGER, P; 'Policracia nacionalsocialista', J. J. Carreras Ares, ed. *El Estado Alemán (1870-1992),* Madrid, 1992

JAKOBS, G; 'Derecho penal del ciudadano y Derecho penal del enemigo', Jakobs, G. y Cancio Meliá, M; *Derecho penal del enemigo,* Madrid, 2003.

JONES, M; *El sitio de Leningrado. 1941-1944,* Barcelona, 2008.

_____ *La Retirada. La Primera Derrota de Hitler,* 2012, Barcelona.

KERSHAW, I; *Hitler. La biografía definitiva,* Barcelona, 2010.

_____ *Hitler, los alemanes y la Solución Final,* Madrid, 2009.

LACOSTA, X; 'Alemanes contra Hitler', *Historia 16. Año XXIX. Nº 358. Febrero de 2006.*

LLOBET RODRÍGUEZ, J; *Nacionalsocialismo y antigarantismo penal (1933-1945),* Valencia, 2018.

LOZANO, A; *La Alemania Nazi (1933-1945),* Madrid, 2011.

_____ *Mussolini y el fascismo italiano,* Madrid, 2012.

_____ *Stalin, el tirano rojo,* Madrid, 2012.

MARX, K; *Páginas malditas. Sobre La cuestión judía y otros textos,* Buenos Aires, 2012.

MATUS ACUNA, J.P; 'Nacionalsocialismo y derecho penal. Apuntes sobre el caso de H. Welzel. Un homenaje tardío a Joachim Vogel', *El derecho penal de la posguerra / Juan Carlos Ferré Olivé (dir.), 2016, ISBN 978-84-9086-751-8, págs. 255-268.*

MAYOR FERRÁNDIZ, T.Mª; 'Los negacionistas del Holocausto', *Revista de Claseshistoria, ISSN-e 1989-4988, Nº. 4 (Abril), 2012.*

MOCEK, R; *Socialismo revolucionario y darwinismo social*, Madrid, 1999.

MUÑOZ CONDE, F; *Edmund Mezger y el Derecho Penal de su tiempo. Estudios sobre el Derecho Penal en el Nacionalsocialismo,* Valencia, 2003.

_____ *El derecho penal fascista y nacionalsocialista y la persecución de un penalista judío: el caso de MarcelloFinzi*en *Contornos y pliegues del derecho: homenaje a Roberto Bergalli / coord. por Iñaki Rivera Beiras, 2006, pp. 331-338. Nueva doctrina penal, nº. 1, 2005, pp. 1001-1006.*

NIETZSCHE, F; 'Así habló Zaratustra', *Obras selectas. Friedrich Nietzsche,* Madrid, 2012.

NOLTE, E; 'La influencia de Marx y Nietzsche en el socialismo del joven Mussolini', *Cuaderno Gris. Época III, 5 (2001): 113-160. (Monográfico: Nietzsche y la «gran política»: antídotos y venenos del pensamiento nietzscheano / Alfonso Moraleja (coord.)).*

PADFIEL, P; *Himmler. El líder de las SS y la GESTAPO,* Madrid, 2013.

PAYNE, S.G; *El Fascismo,* Madrid, 2014.

PELLICANI, L; *Lenin y Hitler. Los dos rostros del Totalitarismo.* Madrid, 2011.

PRIESTLAND, D; *Bandera Roja. Historia política y cultural del Comunismo,*Barcelona, 2010.

PRIETO NAVARRO, E; 'Intenciones, funciones y estructuras: bosquejo de una anatomía del poder Nacionalsocialista', Blázquez Ruiz, F.J; *Nazismo, Derecho, Estado*, Madrid, 2014.

POLAINO ORTS, M; *Derecho penal del enemigo: fundamentos, potencial de sentido y límites de vigencia,* Barcelona, 2009.

REES, L; *El oscuro carisma de Hitler*, Barcelona, 2013.

_____ *Una Guerra de Exterminio. Hitler contra Stalin,* Barcelona, 2006.

RIVAYA, B; 'La revolución jurídica del fascismo alemán', *Boletín de la Facultad de Derecho, núm. 19, 2002 (Oviedo).*

ROJAS, M; *Lenin y el Totalitarismo*, Málaga, 2012.

ROMEIKE, S; *La justicia transicional en Alemania después de 1945 y después de 1989.* Academia Internacional de los Principios de Núremberg. Núremberg, 2016.

ROSENBERG, A; *El Mito del siglo XX,* Barcelona, 1992 (versión informática, 2002).

ROUSSEAU, J.J; *El Contrato Social,* Madrid, 1981.

SÁNCHEZ MUÑOZ, C;'Hannah Arendt: Hacia una fenomenología del totalitarismo', Blázquez Ruiz, F.J; *Nazismo, Derecho, Estado*, Madrid, 2014.

SANTOS, J.A; 'Filosofía del Derecho Penal, positivismo jurídico y eugenesia en la República de Weimar', Blázquez Ruiz, F.J; *Nazismo, Derecho, Estado*, Madrid, 2014.

SNYDER, T; *Tierras de sangre. Europa entre Hitler y Stalin,* Barcelona 2012.

VÍRGALA FORURIA, E; 'La suspensión de los derechos por terrorismo en el derecho español', *Revista Española de Derecho Constitucional. Año 14. Núm 40. Enero-Abril 1994.*

VORMBAUM, T; 'El Derecho penal nacionalsocialista', *Revista Penal México. núm. 10, marzo-agosto de 2016*.

WEBER, T; *De Adolf a Hitler*, Barcelona, 2018,

_____ *La Primera Guerra de Hitler*, Madrid, 2012.

PÁGINAS WEB

Mein Führer. Blog dedicado al estudio de Hitler. http://www.estudiodehitler.com/

DOCUMENTALES

Costelle, D y Clarke, I; *Apocalypse: The Rise of Hitler*, Francia, 2011.

_____ *Apocalypse: La 2ème GuerreMondiale*, Francia, 2009.

Korn Brzoza, D;*Après Hitler*, Francia, 2016.

_____ *Hitler's Last Year*, Francia, 2015

Lanzmann, C; *Shoah*, Francia, 1985.

Rees, L y Tatge, C; *Auschwitz: The Nazis and the 'Final Solution'*, ReinoUnido, 2003.

Rittenmeyer, N y Skundrick, S;*Third Reich: The Rise & Fall*, Estados Unidos, 2010.

Snore, E; *The Soviet Story*,Letonia, 2008.

VV.AA; *Hitler's Circle of Evil*, ReinoUnido, 2018.

VV.AA; *The World at War,*ReinoUnido, 1974.

Este libro ha sido realizado con la fuente de letra denominada Ibarra Real. Se trata de una bella tipografía histórica española que tiene su origen en la Imprenta Real de España, en tiempos de Carlos III (1759-1788), y que hoy, dos siglos y medio después, ha sido adaptada con el objeto de poder ser utilizada en nuevos soportes y con las actuales tecnologías.

De esta manera Última Línea desea apoyar y contribuir a difundir el extraordinario patrimonio cultural y tipográfico español.